Suzanne Stabile

Du und die anderen

Suzanne Stabile

Du und die anderen

Mit dem Enneagramm auf dem Weg zu gelingenden Beziehungen

Deutsch von Renate Hübsch

adeo

Für Giuseppe

Unser gemeinsamer Weg macht das Leben, das wir teilen,
so unglaublich schön. Ich liebe dich von ganzem Herzen.

Für unsere Kinder und die, die sie lieben

Joey und Billy, Jenny und Cory, Joel und Whitney,
B. J. und Devon

Für unsere Enkelkinder

Will, Noah, Sam, Elle, Joley, Piper, Jase

Für Richard Rohr OFM

Den Menschen, durch den ich das Enneagramm kennengelernt habe

Für Sheryl Fullerton

Die Frau, von der ich gelernt habe, darüber zu schreiben.

Einführung

Einladung zu einer Reise mit dem Enneagramm

Joseph Stabile ist der beste Mensch, den ich kenne – er ist einfach durch und durch gut. Über dreißig Jahre lang teile ich nun schon das Leben mit ihm. Aber noch immer gibt es Momente, in denen ich mich frage, ob ich jemals ganz verstehen werde, wie er in dieser Welt lebt und handelt.

Vor ein paar Jahren saßen wir auf einem Flug von New York nach Dallas auf unseren Plätzen in der Mitte der Kabine und beobachteten die anderen Fluggäste, die nach einem freien Platz in den bereits gut gefüllten Gepäckfächern suchten. Ganz zuletzt betrat ein älteres Paar das Flugzeug. Der freundlich wirkende Mann trug den Koffer vor sich her. Seine Frau folgte dicht hinter ihm; sie sah angesichts der Situation ein wenig unglücklich aus: Es gab keine zwei freien Plätze mehr nebeneinander, der Koffer passte nicht unter den Sitz und auch sonst schien es dafür keinen Platz in der Kabine zu geben. Die Flugbegleiterin versuchte, die Aufmerksamkeit der beiden zu gewinnen, aber die reagierten nicht. Und ganz offensichtlich sprachen sie auch kein Englisch, sodass die Flugbegleiterin die Situation so zu retten versuchte, wie die meisten es wohl tun würden – indem sie immer lauter sprach.

Joseph spricht zwei Sprachen, und ich dachte, vielleicht könne er helfen. Also stupste ich ihn an und wies ihn auf das offensichtliche Kommunikationsproblem hin. Genauer gesagt: Ich engagierte mich ziemlich dafür, dass er die Sache in die Hand nahm – aber ohne Erfolg. Er blieb beharrlich dabei, die Flugbegleiterin würde schon allein mit dem Problem fertig. Und er behielt recht. Sie trug den Koffer des Fluggastes nach vorn, irgendjemand tauschte freundlicherweise den Platz, sodass das Paar zusammensitzen konnte, und mein Mann war zufrieden. Die Sicherheitsansage begann.

Alle waren zufrieden … alle, außer *mir*.

Ich kann sehr gut kommunizieren, verbal *und* nonverbal. In diesem Moment sagte ich zwar nichts mehr, aber Joe wusste sehr gut, dass seine Welt durchaus nicht in Ordnung war – denn meine war es nicht. Und da er kein Mensch ist, der Konflikte öffentlich austrägt – und ich kein Mensch bin, der einfach über irgendetwas hinweggeht –, wussten wir beide: Es war nur eine Frage der Zeit.

Wir kamen nach Hause, machten es uns gemütlich, gingen zu Bett und begannen einen neuen Tag mit vollen Terminkalendern. Aber am Abend beim Abendessen sagte ich: „Du weißt, ich bin überzeugt, dass du das wunderbarste menschliche Wesen auf diesem Planeten bist. Aber bitte erklär mir doch mal, warum du diesen beiden Leuten im Flugzeug nicht helfen wolltest, die doch ganz offensichtlich einen Übersetzer brauchten."

Und mein Mann, eine Neun, wie sie im Buche steht, antwortete: „Ganz ehrlich, es käme mir gar nicht in den Sinn, mich ungebeten in so etwas einzumischen."

Wieder einmal wurde mir nur allzu bewusst, wie ungeheuer verschieden Joe und ich die Welt betrachten. Ich, die klassische Zwei, gab zur Antwort: „Ich sehe *immer,* wer Hilfe braucht, und in der Regel weiß ich auch, was genau gebraucht wird. Ich bin nur nicht in jedem Fall in der Lage, die benötigte Hilfe auch geben zu können."

Diese Geschichte (und tausend weitere in der Art) ist der Grund, warum ich dieses Buch schreibe. In allen Beziehungen – seien sie nun sehr eng oder eher oberflächlich – braucht es die Kunst des Übersetzens. Und falls Sie Interesse daran haben, dass Ihre Beziehungen sich vertiefen und verändern, dann ist das Enneagramm eines der hilfreichsten Übersetzungstools, die es gibt.

Das Faszinierende am Enneagramm

Ich bin das, was man ein „Beziehungswesen" nennt. Menschen faszinieren mich. Ich mag Menschen. Fast alle. Ich rede gern mit anderen, schüttele gern Hände oder falle jemandem um den Hals. Aber gleichzeitig gilt: Jede Person, die ich kenne, ist ein Mysterium für mich – nicht so sehr im Blick auf die äußere Erscheinung, obwohl auch das an sich schon geheimnisvoll genug ist. Nein, was mich fasziniert, ist, dass wir uns alle so unterschiedlich *verhalten.*

Meiner Erfahrung nach gibt es aber zwei Dinge, die wir alle gemeinsam haben: Wir wollen alle irgendwo hingehören, und wir wollen alle einen Sinn in unserem Leben sehen. Aber Zugehörigkeit und Sinn zu finden setzt voraus, dass wir in der Lage sind, Beziehungen aufzubauen und auch aufrechtzuerhalten – Beziehungen zu Menschen, die uns ähnlich sind, und oft genug auch mit solchen, die es nicht sind.

Wie wir unser Leben gestalten, das ändert sich in mancher Hinsicht im Lauf der Zeit. Anderes bleibt immer gleich, und anscheinend können wir daran auch nicht viel ändern. Immer wieder werden wir mit der Tatsache konfrontiert, dass andere Menschen und ihre Sichtweise uns überhaupt nicht einleuchten. Aber vergessen wir nicht: Niemand kann sich aussuchen, wie er die Welt sieht. Niemand kann sich entscheiden, seine Perspektive zu verändern. Es bleibt uns also nur der Versuch, das, was wir tun, mit unserer Weltsicht in Einklang zu bringen.

Das Enneagramm besagt, dass es im Wesentlichen neun verschiedene Zugänge gibt, wie Menschen die Welt erleben, und neun unterschiedliche Arten, die grundlegenden Lebensfragen zu beantworten: *Wer bin ich? Warum bin ich hier? Warum tue ich das, was ich tue?*

Auch die Art, wie wir Beziehungen gestalten, unterscheidet sich von einem Enneagramm-Typ zum anderen beträchtlich. Wenn wir uns und andere durch die Brille des Enneagramms betrachten, wird es uns möglich, uns selbst besser zu verstehen – und die anderen auch. Wir bekommen mehr Verständnis füreinander und können so die Wege, die wir gemeinsam mit anderen gehen, besser bewältigen.

Dieses Buch zeigt Ihnen, wie jeder der neun Enneagramm-Typen tickt, wie er/sie Entscheidungen trifft und wie all das bestimmt, wie er/sie jeweils Beziehungen gestaltet.

Eins versteht sich dabei von selbst: Dies ist ein Buch über Beziehungen – und deshalb ist es nicht bis ins Letzte logisch und strukturiert. Beziehungen zwischen Menschen können unberechenbar und chaotisch sein. Manchmal liegen wir richtig, ein andermal wieder komplett daneben. Die gute Nachricht ist: Das Enneagramm kann uns helfen, unser Beziehungsleben zu verbessern.

Die neun Typen des Enneagramms

Die folgenden Kapitel beziehen sich jeweils auf einen Typ oder eine Nummer des Enneagramms. Sie stellen den jeweiligen Typ dar – mit dem Fokus auf seinem Beziehungsstil. Sie zeigen auch, wie der jeweilige Typ mit den jeweils anderen interagiert. Deshalb ist es nützlich, zunächst einen Überblick über das Gesamtkonzept des Enneagramms zu bekommen.

Daher an dieser Stelle eine kurze Auffrischung der Grundlagen. Falls Sie den Vorgängerband *Wer du bist* nicht gelesen haben, wäre das vielleicht eine gute Lektüre – er bietet eine gute Einführung zum Enneagramm und ist die perfekte Ergänzung zu diesem Buch.

Die Eins – häufig bezeichnet als *Perfektionist.* Aber Einsen selbst mögen diese Zuschreibung gar nicht. Sie haben oft mit Zorn zu kämpfen, den sie allerdings gegen sich selbst richten. So wird er zur Feindseligkeit. Einsen können nur schwer glauben, dass sie gut oder wertvoll genug sind. Ständig hören sie in sich eine innere Stimme, die an allem, was sie tun, etwas auszusetzen hat. Deshalb setzen sie alles daran, recht zu haben oder es richtig zu machen. Die Eins lebt im Modus des Beurteilens und Vergleichens. Sie bemerkt Fehler, die andere nicht sehen, und häufig fühlt sie sich auch dafür verantwortlich, diese Fehler aus der Welt zu schaffen. Einsen finden, eine Aufgabe sollte auch in allen Einzelschritten korrekt ausgeführt werden; deshalb geben sie stets ihr Bestes – und erwarten von anderen, dass sie dasselbe tun.

Die Zwei – der klassische *Helfer.* Sie braucht es, gebraucht zu werden. Zweien geben viel; manchmal aus altruistischen Motiven, manchmal in der – meist allerdings unbewussten – Erwartung, etwas dafür zurückzuerhalten. Wenn die Zwei einen Raum betritt, richtet sie ihre Aufmerksamkeit ganz automatisch auf die anderen und fragt: „Wie geht es euch?" – „Was braucht ihr?" – „Wie kann ich helfen?" Die Zwei knüpft und gestaltet Beziehungen aus der Motivation, die Bedürfnisse anderer zu erspüren und zu erfüllen.

Die Drei – der *Leistungsmensch.* Dreien müssen von anderen als erfolgreich, effizient und leistungsstark wahrgenommen werden. Sie haben oft Schwierigkeiten damit, Gefühle wahrzunehmen – die eigenen wie die der anderen. Die Drei verbirgt Zorn, Angst, Trauer, Enttäuschung oder Scham, bis sie sich allein damit auseinandersetzen kann. Dreien setzen sich gern Ziele und in der Regel erreichen sie die auch. Sie können den Rest der Welt zu Dingen motivieren, die wir nie selbst im Blick gehabt hätten. Aber wenn wir dann erfolgreich sind, feiert die Drei ihre Triumphe.

Die Vier ist der komplexeste der neun Enneagramm-Typen. Vieren sind *Romantiker,* sie wollen sowohl einzigartig als auch authentisch sein. Oft leben sie aus dem Gefühl heraus, es fehle ihnen etwas und sie könnten nicht glücklich sein, bis sie es gefunden haben. Die Vier ist in der Melancholie zu Hause und bezieht aus tragischen Ereignissen Energie. Sie ist der einzige Enneagramm-Typ, der Schmerz und Leid beobachten kann, ohne sofort Abhilfe schaffen zu wollen. Weil der Vier Authentizität so viel bedeutet, sind ihre Beziehungen zu anderen naturgemäß oft von größerer Tiefe als die anderer Typen.

Die Fünf – der *Beobachter* oder *Forscher.* Fünfen hassen es, von anderen abhängig zu sein. Sie brauchen deshalb ausreichende eigene Ressourcen. Die Fünf ist von allen Enneagramm-Typen der emotional distanzierteste. Diese Distanziertheit bedeutet, dass die Fünf zwar ein Gefühl empfinden, es aber auch rasch wieder loslassen kann. Angst bewältigt die Fünf, indem sie Informationen und Wissen ansammelt. Fünfen haben nur ein begrenztes Maß an Energie für jeden Tag, sie wählen daher sorgfältig aus, was und wie viel davon sie anderen widmen. Sich überhaupt auf Beziehungen einzulassen, erfordert für Fünfen beträchtlichen Mut, denn der Preis, den sie dafür zahlen, ist für sie höher als für alle anderen Typen des Enneagramms.

Die Sechs – der *Loyale.* Eine Sechs braucht das Gefühl von Sicherheit, von Gewissheit. Dennoch lebt sie mit einem erheblichen Maß an Angst – Angst davor, was in Zukunft passieren könnte; Angst vor einer Welt voller Bedrohungen und Angst vor den verborgenen Absichten der anderen. Sechsen bewältigen ihre Angst, indem sie Worst-Case-Szenarien durchspielen. Sie operieren mit Regeln und Anweisungen, mit Planung und mit Gesetzen. Sie wollen nicht im Mittelpunkt stehen, brauchen das auch nicht –

sie machen einfach ihr Ding und hoffen, dass alle anderen das auch tun. Mit ihrer Loyalität und Zuverlässigkeit sind Sechsen der Kitt, der Organisationen zusammenhält. Sechsen engagieren sich weit mehr für das Gemeinwohl als alle anderen Enneagramm-Typen.

Die Sieben – der *Enthusiast* und *Genießer.* Die Sieben genießt es, immer die beste Möglichkeit von allem zu finden. Sie will Schmerz vermeiden, und sie ist sehr gut darin, alles Negative positiv umzudeuten. Siebenen reden sich selbst ein, sie verfügten über die ganze Bandbreite des Gefühlsspektrums. Aber in Wirklichkeit halten sie sich überwiegend auf der Sonnenseite auf – das Leben will erfahren und genossen werden. Das bedeutet: Wiederholung ist nicht wünschenswert. Gewohnheit ist todlangweilig. Siebenen sind Meister im Verdrängen; Angst bewältigen sie, indem sie sie verbreiten. Aber sie haben auch eine besondere Begabung dafür, andere zu ermutigen. Ganz ehrlich: Ohne die Siebenen hätten wir im Leben sehr viel weniger Spaß.

Die Acht – der *Herausforderer* oder *Boss.* Achter sind eigenständige Typen, die dazu neigen, in Extremen zu denken. Gut oder schlecht, richtig oder falsch, Freund oder Feind. Zorn ist das Gefühl, das ihnen am vertrautesten ist. Aber er hält meist nicht lange an. Achter fordern zwar nicht direkt Offenheit, aber sie wünschen und respektieren sie. Ihr Fokus liegt im Außen, und sie stellen sich gern auf die Seite der Benachteiligten. Die Acht ist leidenschaftlich! Sie hat mehr Energie als alle anderen Enneagramm-Typen; sie investiert sich mit Haut und Haar in das, was sie tut oder woran sie glaubt, und sie umgibt sich gern mit Menschen, die ebenfalls aufs Ganze gehen.

Die Neun – der *Friedensstifter* oder *Vermittler.* Sie ist der am wenigsten komplexe Typ im Enneagramm. Neunen verfügen über das geringste Maß an Energie; sie sind bemüht, alles in sich zu verschließen, was zu Konflikten führen könnte, und alles von sich fernzuhalten, was ihnen ihren Frieden rauben könnte. Die Neun ist der Dickkopf unter den Enneagramm-Typen. Angst bewältigt sie, indem sie passiv-aggressiv wird. Neunen haben die Gabe und das Problem, dass sie stets beide Seiten der Medaille sehen, was sie zu Unentschlossenheit und zum Aufschieben verleitet. In Beziehungen sind Neunen loyal und wünschen sich Nähe. Sie sind selbstlos und können um der Gemeinschaft willen eigene Bedürfnisse und Pläne zurückstellen.

Das Enneagramm
hilft uns dabei,
das zu akzeptieren,
was ist.

Das System des Enneagramms

Das Enneagramm ist einzigartig in dem, was es bietet, wenn wir ein Interesse daran haben, nicht länger die zu bleiben, die wir sind, sondern die Person zu werden, die wir gern sein möchten. Deshalb kommt hier, am Beginn dieser Reise, ein Überblick über die Dynamik des Enneagramms.

Die Dreiergruppen. Innerhalb des Gesamtsystems des Enneagramms gibt es noch einmal drei Untergruppen, die unterschiedliche Zugänge zur Welt beschreiben: fühlen, denken, handeln. Die neun Typen werden diesen drei Weltzugängen zugeordnet, die auch Triaden genannt werden. Zu welcher Dreiergruppe man gehört, entscheidet sich daran, wie man Informationen verarbeitet oder Situationen bewältigt.

Die Zwei, die Drei und die Vier gehören zur Herzgruppe, in der das Gefühl dominiert. Die Kopfgruppe umfasst die Fünf, die Sechs und die Sieben; hier ist das Denken vorherrschend. Und für die Bauchgruppe ist der bestimmende Zugang das Handeln; zu ihr gehören die Acht, die Neun und die Eins.

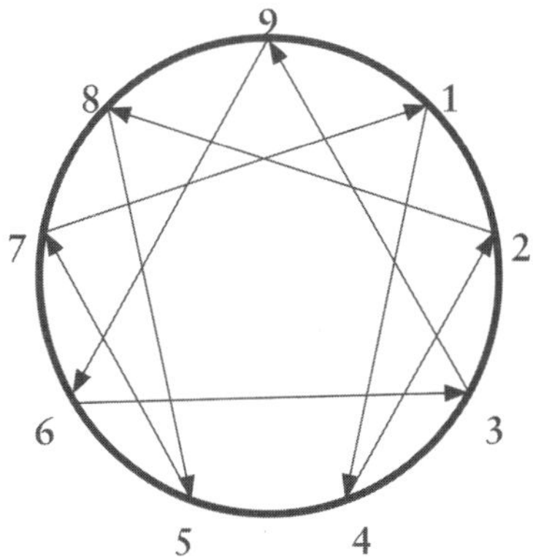

Die Flügel, Stresspunkt und Trostpunkt. Jede Zahl des Enneagramms steht in einer dynamischen Wechselbeziehung mit vier weiteren Zahlen: den beiden benachbarten Zahlen und den beiden Zahlen am gegenüberliegenden Ende der Pfeile im obigen Diagramm. Diese vier Zahlen lassen sich als Ressourcen verstehen, die es uns ermöglichen, auf verschiedene Verhaltensmuster zurückzugreifen. Während die Grundmotivation und der eigene Enneagramm-Typ unveränderlich sind, ist unser Verhalten beeinflussbar, sogar so weit, dass es den Anschein haben kann, man gehöre zu einem ganz anderen Typ. Wer sich gut mit dem Enneagramm auskennt, kann lernen, sich im gesamten Zahlenkreis zu bewegen und die vier Zusatzressourcen nach Bedarf zu nutzen.

Die vier dynamischen Zahlen sind die folgenden:

Die Flügel. Das sind die Zahlen rechts und links vom eigenen Typ. Sie können unser Verhalten entscheidend beeinflussen. So ist zum Beispiel eine Vier mit einem Dreierflügel sehr viel kontaktfreudiger als eine Vier mit einem Fünferflügel, die eher introvertiert und zurückhaltend sein wird. Im Allgemeinen beeinflussen die Flügel das Verhalten, wenn sie dominant sind, aber sie haben keinen Einfluss auf die Grundmotivation.

Wer die eigene Persönlichkeit verstehen will, muss sich auch klarmachen, in welchem Ausmaß er sich auf den einen oder anderen Flügel stützt.

Stresspunkt. Das ist das Verhaltensmuster, auf das man zurückgreift, wenn man unter Stress steht. Im Diagramm ist es die Zahl, auf die der Pfeil weist, der vom eigenen Enneagramm-Typ wegführt. So übernimmt beispielsweise eine Sieben unter Stress Verhaltensweisen der Eins. Dann verliert sie etwas von ihrer Unbekümmertheit und neigt eher zu Schwarz-Weiß-Denken. Der Stresspunkt bedeutet nicht notwendigerweise etwas Negatives; in Stresssituationen brauchen wir zusätzliche Verhaltensmöglichkeiten, um gut für uns zu sorgen.

Trostpunkt. So wie man sich unter Stress auf Verhaltensoptionen des Stresspunktes stützt, so bezieht man Handlungsoptionen vom Trostpunkt, wenn man entspannt ist und sich sicher fühlt. Der Trostpunkt steht am Beginn des Pfeils, der auf den eigenen Typ zuführt. Zum Beispiel übernimmt die entspannte Sieben Verhaltensweisen der Fünf. Sie kann dann von ihrer Maßlosigkeit Abstand nehmen und nach dem Motto handeln: Weniger ist mehr. Jeder Enneagramm-Typ braucht auch das Verhaltenspotenzial des Trostpunktes, um ganzheitlich zu reifen und heil zu werden.

Grundmodus. Der Grundmodus bezeichnet eine Einstellung oder ein Verhaltensmuster, mit dem wir gewohnheitsmäßig auf bestimmte Erfahrungen reagieren. Er ist sozusagen die Standardeinstellung für das Verhalten jedes Typs. In den einzelnen Kapiteln werde ich jeweils darauf eingehen, wie sich der Grundmodus eines Typs auf die Beziehungsgestaltung auswirkt.

Der aggressive Grundmodus (Drei, Sieben, Acht). Menschen mit diesem Grundmodus übernehmen gern Führungspositionen. Sie stellen ihre eigenen Interessen an die erste Stelle. Andere sehen sie als unabhängig und gelegentlich als intrigant an. Ihre hauptsächliche zeitliche Orientierung ist die Zukunft.

Der abhängige Grundmodus (Eins, Zwei, Sechs). Menschen dieser Gruppe liegt viel daran, die Erwartungen der anderen zu erfüllen; sie sind daher loyal und zuverlässig. Andere sehen sie als kontaktfreudig; ihre zeitliche Orientierung ist die Gegenwart.

Der zurückhaltende Grundmodus (Vier, Fünf, Neun). Menschen dieser Enneagramm-Typen sind oft zögerlich im Handeln, häufig weil sie introvertiert oder schüchtern sind. Andere erleben sie als kontaktscheu; ihre zeitliche Orientierung ist die Vergangenheit.

Ein Hinweis vorweg

Ich weiß: Als Leser ist man versucht, geradewegs mit dem Kapitel über den eigenen Typ zu beginnen und dann mit den Zahlen der Menschen aus dem engsten Beziehungsumfeld weiterzumachen. Ich würde wohl auch so vorgehen. Aber dennoch möchte ich Ihnen empfehlen: Lesen Sie das *ganze* Buch. In jedem Kapitel werden Sie Informationen finden, die auch für Ihren eigenen Typ relevant sind.

> Unser Verständnis davon, wer wir sind, wirkt sich auf jede einzelne Beziehung aus.

Ich hoffe sehr, dass dieses Buch Ihnen helfen wird, alle Ihre Beziehungen besser zu gestalten, nicht nur ein paar wenige auserwählte. Aber es wäre fahrlässig, wenn ich nicht auf ein paar Dinge hinwiese, auf die wir alle achten sollten, wenn wir die Weisheit des Enneagramms in der Gestaltung unserer Beziehungen anwenden.

Zunächst einmal sollten wir daran denken: Das Enneagramm ist kein statisches System: Wir bewegen uns alle in einem Kontinuum von gesund über okay zu ungesund und umgekehrt. Meiner Erfahrung nach sind die meisten Menschen überwiegend irgendwo im Bereich des etwas Überdurchschnittlichen unterwegs. Oft sind unsere Reaktionen auf die Ereignisse des Lebens gut und gesund; aber auf besondere Herausforderungen reagieren wir manchmal ungesund. Dieses Buch beschreibt in erster Linie, wie wir auf andere reagieren, wenn wir uns im durchschnittlichen bis gesunden Bereich befinden.

Außerdem müssen wir uns klarmachen, dass jeder Enneagramm-Typ in vielfältigen Variationen auftritt. Diese Varianten ergeben sich daraus, ob jemand introvertiert oder extrovertiert ist; ob man gerade in einem gesunden, durchschnittlichen oder ungesunden Verhaltensmodus steckt, ob man gesellig ist oder Einzelkontakte vorzieht, ob man selbstgenügsam ist; ob man sich in der Zeit vorwiegend auf die Vergangenheit, auf die Gegenwart oder auf die Zukunft ausrichtet und wie vertraut man mit dem Enneagramm oder anderen Modellen der Persönlichkeitslehre und -entwicklung ist.

Und zuletzt – wir reden ja hier von Beziehungen – gibt es noch ein paar zwischenmenschliche Grundprinzipien, die Sie beim Lesen nicht außer Acht lassen sollten.

Erstens: Bitte benutzen Sie Ihren Enneagramm-Typ nie als Entschuldigung für ein bestimmtes Verhalten.

Zweitens: Benutzen Sie das, was Sie über die anderen Typen erfahren, nie, um andere in Schubladen zu stecken, sie zu kritisieren, schlecht dastehen zu lassen oder respektlos zu behandeln. Nie!

Drittens: Es wäre fantastisch, wenn Sie Ihre Energie darein investieren würden, sich selbst zu beobachten und an sich selbst zu arbeiten, statt sich auf andere zu konzentrieren. Und wenn Sie auf Ihrem Weg vorankommen, werden Sie hoffentlich auch meinen

Wunsch teilen, dass wir alle immer besser dazu fähig werden, andere zu akzeptieren und zu lieben und uns auf unserem gemeinsamen Weg mit Empathie und Respekt zu begegnen.

Es lohnt sich

Kürzlich war ich mit Joe wieder einmal im Flugzeug unterwegs. Wir saßen in der zweiten Reihe, gleich hinter dem Notausgang. Und in der Reihe vor uns fragte die Flugbegleiterin einen Fluggast, ob er Englisch spräche. „Nein", antwortete der, aber sie wiederholte die Frage. Er schüttelte den Kopf und beteuerte: „Nein." Unbeirrt erklärte die Flugbegleiterin ihm auf Englisch, er könne nicht vor dem Notausgang sitzen, wenn er kein Englisch spräche, und der Mann bemühte sich vergeblich, ihr zu folgen.

Im Bemühen zu respektieren, was ich bei unserem letzten Flug von Joe gelernt hatte, hielt ich meinen Mund.

Als ich gerade meinen Sicherheitsgurt schließen wollte, öffnete Joe den seinen. Er hatte das Problem bemerkt, stieg über mich hinweg und erklärte dem Herrn auf Spanisch, dass er den Platz tauschen müsse, weil die Beförderungsbedingungen der Fluggesellschaft vorschrieben, dass alle Reisenden in der Sitzreihe vor dem Notausgang Englisch sprechen müssten.

Der Mann erhob sich, um sich einen anderen Platz zu suchen. Lächelnd dankte er Joe für seine Hilfe. Mein aufmerksamer zweisprachiger Ehemann setzte sich wieder, und eine Frau aus der Reihe hinter uns klopfte ihm auf die Schulter und bedankte sich, dass er so freundlich und hilfsbereit gewesen war.

Es ist doch wunderbar, wenn wir in der Lage sind, uns selbst so zu sehen, wie wir sind – und wie wir auch sein können.

Die Acht

Verletzlichkeit ist keine Schwäche

Melissa rief mich an und fragte, ob wir über ein Problem bei ihrem Job reden könnten. Ich vermutete, dass es um die Beziehung zu einer Kollegin an ihrem neuen Arbeitsplatz ging. Melissa, Personalchefin in einem Hightech-Start-up-Unternehmen, ist klug, kreativ und sehr erfolgreich. Sie ist eine gute Führungskraft, aber wie andere Achter auch hat sie häufig Probleme in Beziehungen zu Kollegen. Achter funktionieren am besten, wenn sie selbst entscheiden können, mit wem sie zusammenarbeiten. Aber Melissa fand bereits ein Team vor, als sie in die Firma eintrat. Aus früheren Gesprächen wusste ich, dass sie sich Emily nicht als Mitarbeiterin ausgesucht hätte.

Melissa hatte mir bereits erzählt, dass Emilys ständiges Gemecker über die EDV im Unternehmen sie nervte. „Statt herumzujammern sollte sie einfach lernen, damit umzugehen!" Melissa hatte durchschnittlich eine 50-Stunden-Woche, und sie war sauer, dass Emily kaum ihre vierzig Stunden leistete und häufig beruflichen Terminen fernblieb, um ihre alte Mutter zum Arzt zu begleiten, zur Ballettaufführung ihrer Enkelin zu gehen oder sonstige persönliche Dinge zu erledigen.

Melissas Lautstärkepegel war bereits überdurchschnittlich hoch; typisch für eine Acht. Und ebenfalls typisch – Achter haben weder Zeit für noch Interesse an Small Talk – kam sie sofort auf den Punkt. „Es geht um Emily. Wir haben ihre Halbjahresbeurteilung besprochen. Ich habe damit angefangen, dass ich sie gefragt habe, ob es noch Dinge gäbe, die sie mit mir besprechen wolle, bevor wir über die Beurteilung reden. Ich dachte eigentlich, das wäre ein guter Einstieg – was Persönliches sozusagen."

Aber was sie dann zu hören bekam, darauf war Melissa nicht vorbereitet gewesen. Mit bebender Stimme sagte Emily: „Ich glaube, Sie respektieren mich nicht. Sie sind immer so ungeduldig und fordernd. Manchmal fühle ich mich regelrecht tyrannisiert. Ich habe auch mit anderen gesprochen, und die sagen, ihnen ginge es genauso."

An ihrem Tonfall war zu erkennen, dass Melissa immer noch sauer war, aber ich wusste, dass sie außerdem verletzt war. Ich fragte, wie sie auf den Vorwurf reagiert hatte.

„Also … ich hab erst mal gar nichts gesagt. Und dann hab ich ihr ein paar Fragen gestellt."

„Was für Fragen?"

„Ich wollte ein paar objektive Beweise, zum Beispiel konkrete Anlässe, die diese Gefühle in ihr ausgelöst haben. Ich habe gesagt, dass ich ihr eigentlich nur direkt und offen mitgeteilt hätte, was ich von ihr erwarte und wofür sie zuständig ist. Ich habe versucht zu erklären, dass unsere Abteilung in der jetzigen Phase des Unternehmens sehr wichtig ist und dass wir dafür zuständig sind, die richtigen Leute für Schlüsselpositionen zu finden, wenn die Firma weiterbestehen soll."

Es entstand eine lange Pause. Und dann fragte Melissa sehr ernsthaft: „Suzanne, warum können die Leute *nicht einfach ihren Job machen*?"

Was ist hier los?

- Mit welcher Person in dieser Begebenheit identifizieren Sie sich? Warum?
- Ist Melissa eine Tyrannin? Warum bzw. warum nicht?
- Was will Emily wirklich von Melissa?
- Wie kann das Enneagramm erklären, was hier passiert?

Durch die Brille des Enneagramms betrachtet geht es in dieser Begebenheit um viel mehr als um eine aggressive Chefin und eine eingeschüchterte oder ineffiziente Mitarbeiterin. Es geht um zwei Menschen, die ihren Job und ihre Arbeitsbeziehung – wie die Welt überhaupt – aus völlig unterschiedlicher Perspektive betrachten. Melissa ist eine Acht. Emily nicht. Melissa hatte geglaubt, sie würde Emily ermutigen, damit sie ihre beruflichen Verpflichtungen besser erfüllen könnte, daher traf Emilys Ausbruch sie aus heiterem Himmel. Das Beurteilungsgespräch hatten sie zwar dann noch zu Ende geführt, aber Melissa meinte, sie hätte wenig Hoffnung, dass sich irgendetwas ändern würde. Irgendwann hatte Emily schließlich darum gebeten, an einen anderen Arbeitsplatz versetzt zu werden.

Die meisten Enneagramm-Typen pflegen im Alltagsgeschäft gute Beziehungen ganz nebenbei: ein kurzes Gespräch, eine Beobachtung, ein Kompliment, bevor man sich wieder der Arbeit zuwendet – einfache Arten, eine Verbindung aufzubauen. Leider empfinden Achter keinerlei innere Verpflichtung, derartige Beziehungsbausteine einzusetzen. Achter gehen in der Regel direkt zur nächsten Aufgabe über. Das kann so wirken, als ob ihnen nichts am Rest der Welt liegt. Aber in Wirklichkeit denken sie nur einfach nicht an andere Menschen – sie denken daran, was als Nächstes zu tun ist.

Was den Konflikt zwischen Melissa und Emily angeht, so wissen wir – wie bei so vielen anderen Begebenheiten, die unseren Alltag ausmachen –, was passiert ist, aber wir wissen nicht, *warum*. Das Enneagramm hilft uns, die Dynamik, die Motivation und die Erfahrungen aller neun Typen und auch ihre Interaktionen und Beziehungen zu verstehen.

Die Welt der Acht

Die spontane Reaktion einer Acht auf so ziemlich alles ist: „Was soll ich jetzt *tun?*" In Beziehungen kann das zu kniffligen Situationen führen, denn andere Menschen stellen spontan andere Fragen: „Was *denke* ich jetzt dazu?" oder: „Was *empfinde* ich jetzt?"

Mit Dreien und Siebenen kommt die Acht meist gut aus, denn diese beiden sind auch auf das Tun konzentriert. Alle drei Typen haben Mühe mit den Vertretern der anderen Enneagramm-Zahlen. Diese erscheinen ihnen zu gefühlsbelastet oder reaktionsschwach, weil sie zu lange nachdenken, bevor sie handeln.

Jede Zahl im Enneagramm vermeidet irgendetwas.

Enneagramm-Typen, die eher gedanken- oder gefühlsorientiert sind, erscheint das rasche Handeln der Acht häufig aggressiv. Die Acht sollte sich also genug Zeit nehmen, um sich klarzumachen, dass für andere vor dem Handeln das Denken kommt oder wieder für andere die Gefühle entscheiden, was genau wann getan wird. Dabei geht es nicht einfach um unterschiedliche Vorlieben – es hat damit zu tun, wie wir *sehen*.

So muss etwa Vieren und Fünfen ein spontanes, rasches Handeln empörend und unverantwortlich vorkommen, denn diese beiden Typen sind überzeugt, dass man möglichst viele Optionen und deren wahrscheinliche Resultate bedenken muss, bevor man etwas tut.

Aber gerade das Innehalten ist schwierig für Achter, denn sie wollen die Welt kontrollieren – ihre innere wie die äußere. Manchmal handelt die Acht überstürzt und lässt keinen Raum für andere Sichtweisen oder für Beiträge, die andere zu einer Sache leisten könnten. Dessen ungeachtet wird von der Acht geradezu erwartet, dass sie entscheidet und die Dinge in die Hand nimmt – allerdings auch, dass das in einem nachvollziehbaren Tempo geschieht, dass der Plan erklärt und die Meinung der anderen gehört wird. Mit ihrem Fokus auf dem Handeln würde eine Acht von sich aus nichts davon berücksichtigen.

Todd Dugas, eine Acht und Leiter eines Rehazentrums, erklärt es so: „Früher habe ich oft Unmut gegen meine Mitarbeiter empfunden, weil die ihren Aufgaben nicht nachkamen. Aber als ich darüber nachdachte, wurde mir klar, dass ich sie nie in die Lage versetzt hatte, das zu tun. Ich hatte nie erklärt, was genau ich erwartet habe. Ich habe kurz das Wesentliche mitgeteilt und erwartet, dass sie damit weiterarbeiten. Der Grund dafür war vermutlich, dass es mir Mühe machte, mich mit jemandem hinzusetzen und längere Gespräche zu führen. In anderen Fällen kam es zu Konflikten mit Mitarbeitern, die *eben gerade so* ihren Job machten. Ich habe ständig Leute entlassen."

Eine Acht im ungesunden Verhaltensmodus kann versucht sein, es Menschen heimzuzahlen, die sie oder andere ungerecht behandeln.

Achter müssen ein Gespür dafür entwickeln, wann sie in einer Beziehung so schnell agieren, dass andere nicht mehr mitkommen. Die anderen werden zwar wahrscheinlich mitziehen, aber oft genug aus dem Gefühl heraus, sie hätten keine andere Wahl. Und daraus entsteht nicht selten ein unterschwelliger Groll.

Eine Acht hat mir einmal gesagt: „Die größten Missverständnisse in der Familie entstehen, wenn ich Erwartungen an die anderen habe, die ich nicht klar benenne. Und wenn die anderen dann nicht so schnell oder so engagiert zur Tat schreiten wie ich, frustriert mich das ziemlich – und auch ziemlich schnell. Es kann mühsam sein zu erklären, was wir machen sollten und warum. Aber ich muss die anderen in meine Pläne für unsere Familie einbeziehen."

Die Erfahrung zeigt: Wenn Achter sich entscheiden, andere einzubeziehen, braucht das nur wenig Zeit, und der Erfolg ist beträchtlich: Es gibt weniger Missverständnisse und schafft die wesentlichen Verbindungen.

Verletzlichkeit und Selbstschutz. Achter vermeiden Verletzlichkeit, um sich emotional zu schützen. Als Kinder haben sie häufig Kommentare wie diese gehört: „Sie will immer alles bestimmen" oder: „Der lässt sich ja sowieso nichts sagen". Als Erwachsene werden sie häufig als aggressiv erlebt, sodass andere in Beziehungen zu einer Acht defensiv agieren, weil sie das Gefühl haben, sie müssten sich irgendwie schützen. Die Ironie liegt darin, dass auch die Acht selbst das Bedürfnis hat, sich selbst zu schützen; aber sie tut es, indem sie Hilflosigkeit, Schwäche und Unterordnung vermeidet.

In einem mittlerweile berühmten TED-Talk sagte Brené Brown, eine bekannte Autorin psychologischer Ratgeber, zum Thema Verletzlichkeit: „Verletzlichkeit bedeutet: Wenn Beziehung oder Verbundenheit möglich sein soll, müssen wir uns erlauben, gesehen zu werden – wirklich gesehen."[1] Achter möchten ebenso sehr wie andere innere Verbundenheit mit den Menschen empfinden, die ihnen nahestehen. Aber sie haben ein großes Problem: Eins der wenigen Dinge, die sie fürchten, ist, in Momenten der Schwäche, Begrenzung oder Ratlosigkeit ungeschützt zu sein. Wenn Brené Brown recht hat und Verbundenheit darauf beruht, dass wir in der Lage sind, verletzlich zu sein, und Verletzlichkeit darauf hinweist, dass wir bereit sind, gesehen zu werden, dann ist diese Beziehungsmotivation entscheidend. Ich glaube, Achter fühlen sich gelegentlich ebenso schutzlos wie jeder andere Typ. Sie gehen nur anders damit um.

Eine Acht, verheiratet und Mutter von vier Kindern, hat sich auf Verletzlichkeit in ihrer Familie eingelassen: „Ich werde alles daran setzen, dir in jeder Hinsicht zu vertrauen, auch wenn mir das total schwerfällt. Ich werde immer auf deiner Seite stehen. Ich werde mehr *für dich* kämpfen als mit dir. Ich werde dich überraschen mit Tränen der Schwäche, und vielleicht werde ich irgendwann nicht mehr versuchen, sie zu verbergen. Ich werde zornig auf dich sein, wenn du zornig auf mich bist, und ich werde mich echt anstrengen müssen herauszufinden, welche Gefühle eigentlich unter dem Zorn liegen. Ich werde dich über jedes vernünftige Maß hinaus lieben, und anfangs könnte mir das Angst machen."

In engen Beziehungen können Achter sich durchaus verletzlich zeigen, aber sie werden immer mit ihrer Abneigung dagegen zu kämpfen haben, auch mal zartere Gefühle zu zeigen.

Obwohl Achter alles daransetzen, sich selbst zu schützen, machen auch sie, wie wir alle, Erfahrungen, auf die sie nicht vorbereitet sind. Bei solchen Anlässen, wenn Achter sich emotional ungeschützt fühlen, gestatten sie anderen manchmal, sie zu sehen. Vielleicht nur kurz, aber wir bekommen die Chance, sie auf eine neue Weise zu erleben. Ich habe von den Achtern in meinem Leben gelernt, dass sie nicht darauf aus sind, aggressiv zu sein – sie versuchen einfach nur, sich selbst zu schützen.

Als meine Tochter Joey noch klein war, stand sie jedes Jahr mitten in der Nacht vor Weihnachten auf, öffnete die Päckchen unter dem Weihnachtsbaum, auf denen ihr Name stand, und verpackte sie dann wieder. Das machte sie so geschickt, dass wir ein paar Jahre brauchten, bis wir dahinterkamen. Als wir mit ihr darüber sprachen, warum sie das tat, erklärte sie, dass sie keine Überraschungen möge. „Wenn ich meine Geschenke auspacke, könnte ich vielleicht lachen oder weinen oder etwas Falsches sagen. Das mag ich nicht. Ich möchte vorher wissen, was passiert." Etwas nicht zu wissen gab ihr das Gefühl, verletzbar zu sein. Inzwischen ist sie fast vierzig und hat eigene Kinder – aber immer noch will sie in jedem Fall gern vorhersehen können, was passieren wird.

Achter verabscheuen Schwäche – bei sich selbst und bei Menschen, die ihnen nahestehen. Und wenn sie nicht zwischen Verletzlichkeit und Schwäche unterscheiden können, vermeiden sie beides. Aber es ist sehr schwer, eine Beziehung zu einem Menschen zu gestalten, der sich nicht auch verletzlich zeigen kann oder will. Das gibt dem anderen das Gefühl, er bedeute dem anderen nichts, er hätte in der Beziehung nichts zu bieten oder sei nicht vertrauenswürdig genug. Gute, tragfähige Beziehungen werden in Zeiten aufgebaut, in denen wir ungeschützt und verletzlich sind. Deshalb ist es wichtig für Achten, zwischen Schwäche und Verletzlichkeit gut unterscheiden zu lernen, indem sie gerade dann, wenn sie angeschlagen sind oder die Dinge nicht so laufen wie geplant, den Kontakt zu anderen suchen und darüber sprechen, was ihnen am Herzen liegt, was sie am meisten fürchten und was für sie wichtig ist.

Meiner Erfahrung nach sind die meisten Achter „alte Seelen". Sie erscheinen auf diesem Planeten mit einer Weisheit, die sich so behutsam zeigt, dass man sie fast übersehen könnte. Oft erzählen sie, dass sie als Kinder die negativen Auswirkungen von Schwächen oder Halbherzigkeiten anderer zu spüren bekommen haben. Deshalb haben sie beschlossen, stark zu sein. Oft übernehmen sie schon sehr früh Verantwortung für sich und andere, denn sie sind geborene Anführer. Aber diese selbst gewählte Stärke geht auf Kosten ihrer Unbefangenheit.

Eine Acht, die erlöst werden will, muss einen guten Teil ihres Erwachsenenlebens damit verbringen, der Welt offen begegnen zu können, ohne sich vor ihr schützen zu müssen. Und diese Fähigkeit erwirbt man nur im Kontext von verlässlichen Beziehungen.

Auf der Seite der Schwachen stehen. Weil Selbstschutz für Achter eine so wichtige Rolle spielt, sind sie bestens dafür gerüstet, übergriffigen Menschen entgegenzutreten und sich für die einzusetzen, die nicht so stark sind wie sie. Diese Seite liebe ich an den Achten, die ich kenne. Ihr Einsatz gegen Ungerechtigkeit und ihr Wunsch, die Unschuldigen zu beschützen, sind ebenso stark wie sanft. Allerdings verpasst die Acht nicht selten das, was sie selbst dabei gewinnen könnte. Wenn eine Acht sich für Menschen am Rande einsetzt, sollte sie sich bewusst machen, dass das Geben und Nehmen auch gegenseitig sein kann.

Emotionale Intelligenz beinhaltet die Fähigkeit, die Gefühle anderer wahrzunehmen und zu verstehen, wie das Leben aus ihrer Perspektive aussieht. Das setzt voraus, dass man zuhört und beobachtet. Es ist die Basis für einen respektvollen und sinnvollen Austausch zwischen zwei Menschen, selbst wenn die Beziehung nicht von Dauer ist. Wenn eine Acht sich für einen anderen einsetzt, ist die Chance groß, dass sie zwar das Problem löst, aber nicht auf den Beziehungsaspekt achtet. Das empfindliche Gleichgewicht in solchen Situationen zu wahren ist für alle Typen des Enneagramms eine Herausforderung. So stehen Zweier in der Gefahr, den Beziehungsaspekt überzubetonen. Aber Beziehungen definieren sich durch die Art der Verbundenheit, die zwischen zwei oder mehreren Menschen besteht. Deshalb dürfen wir nicht vergessen, dass es in jeder Beziehung ein für alle Parteien ausgewogenes Geben und Nehmen geben muss.

Intensität und Wut. In der Weisheit des Enneagramms ist die Leidenschaft der Acht die Lust, die man auch als Intensität definieren kann. Achter sind Ganz-oder-gar-nicht-Typen mit einem hohen Energielevel und einer Ungeduld, die sie zum Handeln drängt. Wenn es nicht so läuft wie geplant oder sich Hindernisse aufbauen, reagieren Achter oft mit Wut. Paradoxerweise glauben sie, dass die Wut ihnen hilft, sich in ihrer Welt durchzusetzen. Ich vermute allerdings, dass Achter ihre Wut eher brauchen, um weichere Gefühle zu verbergen. Das Problem ist aber, dass nicht wenige Achter nach einer Weile Mühe haben, überhaupt noch andere Gefühle *außer der Wut* auszudrücken. Das schadet häufig ihren Beziehungen.

Erinnern wir uns: Eine Acht will um keinen Preis schwach erscheinen. Es leuchtet daher ein, dass sie automatisch Trauer, Angst und Verletzlichkeit unter der Maske der Wut verbirgt. Es ist ein Selbstschutzmechanismus. Aber aus der Perspektive anderer Enneagramm-Typen erscheint die Wut der Acht oft genug als verschlossene Tür und nicht als Grenze. Die weniger aggressiven Typen (Zwei, Vier, Sechs, Neun) sind in Begegnungen mit Achtern daher sehr zurückhaltend. Und damit verringert sich die Chance, dass die Acht das findet, was sie in Beziehungen sucht: Offenheit, Wahrhaftigkeit und Authentizität.

Meine Freundin Wendi, Grundschullehrerin und eine Acht, erzählte mir von einer Diskussion mit einer Kollegin, in der es um die Empfehlungen für die Kinder für den Kindergarten oder die Grundschule ging. Wendy hatte angenommen, sie hätten eine Übereinkunft erzielt, was für die Kinder jeweils am besten wäre, und das Problem wäre gelöst. Als sie herausfand, dass die Kollegin sich nicht an die Abmachung gehalten hatte, war sie wirklich sauer. Sie marschierte auf direktem Weg zu ihr, und es gab eine wütende Konfrontation, die einen tiefen Riss in ihrer Beziehung zur Folge hatte.

Nachdem ihr gerechter Zorn verflogen war, bewertete Wendi ihr Verhalten folgendermaßen: „Wenn ich mir Zeit zum Nachdenken genommen und erst einmal in Ruhe verarbeitet hätte, was passiert war, hätte ich ihr meine Gedanken und Gefühle so vermitteln können, dass sie mir hätte zuhören können. Und selbst wenn sie dazu nicht bereit gewesen wäre, hätte ich mir doch im Nachhinein keine Vorwürfe machen müssen. Ich lerne langsam, erst mal innezuhalten und nachzudenken, bevor ich auf jemanden losgehe, wenn ich wütend bin. Ich möchte respektiert werden, ich möchte als besonnen, klug, weise und erwachsen gelten. Aber wenn ich überreagiere, muss ich hinterher nur mein Verhalten rechtfertigen."

Eine Acht wird eine Auseinandersetzung selten bereuen. Achter ziehen viel von ihrer Energie aus dem „Dagegensein". Aber oft übersehen sie dabei, dass ihre Aggressivität ihre eigentliche Absicht verdunkelt.

Das eigentliche Problem ist: Lust, Intensität und Wut maskieren sich als Ausdruck tiefer Gefühle und lassen die Acht fälschlicherweise glauben, sie sei in gutem Kontakt mit ihren Gefühlen, obwohl eher das Gegenteil der Fall ist. Achter müssen sich sehr deutlich bewusst machen, welche Absicht sie antreibt, um ihre Gefühle zu erkennen, wirklich zu empfinden und auch zu benennen.

Abkoppelung von den eigenen Gefühlen. Die Acht verfügt über nahezu unerschöpfliche Leidenschaft für alles und nichts. Oft aber dient ihnen diese Intensität als Ersatz für andere Gefühle wie etwa Freude, Traurigkeit, Verletzung oder Scham. Sobald empfindsamere Gefühle sich melden, etwa Schmerz oder Angst, lösen diese zuverlässig als spontane Reaktion der Acht entschiedenes Handeln aus, denn dann fühlt sie sich wieder stark. Jede Spur von Schwäche oder Abhängigkeit muss um jeden Preis vermieden werden. Das muss unweigerlich zu Problemen führen, denn Beziehungen gedeihen auf der Basis von Gegenseitigkeit – häufiger und ungeplanter Gemeinschaft zwischen Menschen, die in Beziehung zueinander stehen. Achter müssen begreifen, dass „weiche" Gefühle kein Zeichen von Schwäche sind.

Die Illusion der Kontrolle zerbricht, wenn die Acht mit Gefühlen konfrontiert wird, die sie nicht unterdrücken kann. Wir haben es alle schon erlebt: ein Anflug von Zärtlichkeit für einen nahestehenden Menschen; die Liebe zu jemandem, der am Rand steht, aber dennoch tapfer sein Leben meistert; eine tiefe Zuneigung zu jemandem, der immer wieder unbeschreiblich schwierige Situationen bewältigt. Die Acht hat keine Angst vor Gefühlen an sich – sie befürchtet aber, dass ihre Gefühle sie trügen könnten.

Angst vor Vertrauensbruch. In meinen Workshops erlebe ich, dass Achter immer wieder erzählen, dass sie verraten wurden. Sie nennen die Namen von Leuten, die ihnen gegenüber illoyal waren. Ich höre mir diese Verratsgeschichten der Achter immer lange an, bevor ich sage: „Ich würde das nicht als Verrat bezeichnen – meinen Sie nicht, es könnte einfach ein Missverständnis gewesen sein?“ Oder: „Ich denke, das war keine gute Entscheidung, aber ich würde es nicht Verrat nennen“. Wenn ich das Geschehene so umdeute, sind meine Achter-Gegenüber häufig überrascht. Es kommt ihnen gar nicht in den Sinn, dass das, was sie als Verrat empfinden, etwas anderes sein könnte. Oder dass es sich, wenn man es mit den Augen des anderen betrachten würde, ganz anders darstellen könnte.

Eine Chance, mit Joey, der Acht in unserem Haus, über das Thema Verrat zu sprechen, kam eines Nachmittags bei einem Familiengeburtstag. Wir saßen entspannt am Pool, die Beine im Wasser, einen kühlen Drink in der Hand, und ich fragte sie, was aus ihrer Perspektive denn Verrat sei. Ihre Antwort war einfach: „Verrat? Erlebe ich jeden Tag. Jeden Tag machen sich Leute, die mich gar nicht kennen, ein Bild von mir. Und dann bestätigen sie dieses Urteil durch ihre eigenen Gefühle, ohne auch nur den Versuch zu machen, mich kennenzulernen oder irgendwie mit mir in Kontakt zu kommen.“

Das Letzte, was eine Acht will, ist, jemanden zu verletzen, den sie liebt. Passiert das doch und sie merkt es, reagiert die Acht alles andere als routinemäßig. Sie bewahrt vielleicht die Fassung, aber sie leidet wirklich und ist erschüttert, wenn sie erkennt, dass sie die Verletzlichkeit eines anderen ausgenutzt hat.

Stresspunkt und Trostpunkt

Eine Stärke des Enneagramms liegt darin, dass es – anders als viele andere Typologien – nicht statisch ist, aber dennoch zuverlässig. Je nachdem, wo jemand auf seinem persönlichen Weg gerade steht und wie sich die äußeren Umstände gestalten, kann jeder Typ des Enneagramms an unterschiedlichen Positionen innerhalb eines Kontinuums von Möglichkeiten stehen: im gesunden, im normalen und im ungesunden Bereich.

Eine gesunde Acht mit guten Beziehungsfähigkeiten kann positiv, spielerisch und großzügig sein. Sie kann Anerkennung versprühen und ist bereit, durch dick und dünn bei der Stange zu bleiben. Im gesunden Beziehungsmodus ist sie verbindlich, aufrichtig und bereit, andere zu unterstützen, solange diese anderen auch dem Erfolg verpflichtet sind.

> Wir reagieren auf Stress spontan alle gleich: Wir übertreiben bestimmte Verhaltensweisen, die unserem Typ entsprechen.

Eine Acht im ungesunden Beziehungsmodus ist kämpferisch, vereinnahmend, arrogant, kompromisslos und findet an allem etwas auszusetzen. Eine Achter-Bekannte hat mir einmal erklärt, dass es sie wirklich aufregt, wenn ihre Kinder sie allzu sehr beanspruchen: „Ich sage ihnen: Stellt euch nicht so an! Ihr könnt doch mehr als nur jammern. Ich habe schließlich nicht studiert, um eure Wäsche zu machen. Ich möchte Männer erziehen, keine kleinen hilflosen Jungs. Sorgt gefälligst für euch selbst!"

Die Acht kann allerdings lernen zu verstehen, dass Bedürftigkeit anderer in der Regel ein Versuch ist, eine Verbindung herzustellen, und dass es auch viel zu gewinnen gibt, wenn man etwas zurückgibt.

Für alle Typen gilt: Extreme und Exzesse sind nie gut. Eine Acht unter Stress reagiert mit Aggression, Intensität und offensiv zur Schau getragenem Selbstbewusstsein. Der wichtigste Abwehrmechanismus einer Acht ist es, alle Gefühle zu leugnen, die von Zeit zu Zeit auftauchen. Das veranlasst sie dann, sich noch mehr anzustrengen und noch mehr zu tun, wenn sie eigentlich eine Pause braucht.

Ich denke, man kann wohl sagen: Was die meisten von uns als Stresssituation empfinden – Deadlines, Konfrontationen, Streitgespräche, Krisen, problematisches Verhalten anderer oder auch Situationen, die aus dem Ruder laufen –, ist für Achter eine wahre Wohlfühlzone. Sie stiefeln geradewegs in derartige Situationen hinein – begeistert und entschlossen. Eine Acht hat mir einmal erklärt: „Ich trete auf den Plan wie der Terminator und mache mich daran zu identifizieren, wer Freund ist und wer Feind. Wer ist gegen mich? Wer ist für mich? Auf diese Weise schütze ich mich selbst. Ich will in dieser Rolle überzeugend sein, damit niemand über mich bestimmen kann. Wenn ich meine hohen Absätze trage, bin ich eins fünfundachtzig und kann auf jeden im Raum herabschauen."

Im Interesse unserer Beziehungen ist es wichtig anzuerkennen, dass die meisten Achter wirklich glauben, sie könnten die Wirklichkeit dazu bringen, ihrer Sicht der Dinge zu entsprechen. Und wenn Sie das jetzt lesen, sagen Sie nicht: „Das ist ja absurd!" Machen Sie sich klar: Für eine Acht ist *Ihre* Art, die Welt zu sehen und sich darin zu verhalten, ebenso absurd. Unter anderem aus diesem Grund brauchen wir das Enneagramm.

Die Acht verleugnet eigene Grenzen; deshalb lebt sie nach dem Motto: Ganz oder gar nicht. Und ohne die Kenntnis des Enneagramms oder ein wenig Lebenserfahrung verleugnet sie auch die

Grenzen anderer. Viele Achter würden sogar bestreiten, *dass es Grenzen überhaupt gibt.* Der Stress, den das verursacht, fordert seinen Tribut – von ihnen und von ihren Beziehungen zu anderen.

Die Acht und die anderen

In Stresssituationen reagiert die männliche Acht, indem sie einfach nicht aufhört. Sie erwartet immer alles von sich und von anderen, und jeder, der da nicht mitkann, ist verdächtig. Jeder, der mit einer Acht lebt oder arbeitet, weiß, wie sehr ihre Wut einen Raum beherrschen kann. Für jemanden, der diese Erfahrung zum ersten Mal macht, kann es erschreckend sein. Wenn die männliche Acht scheitert, was gelegentlich der Fall sein wird, kann sie sich zurückziehen; häufiger jedoch bleibt sie einfach im Aktionsmodus. Ich kenne viele männliche Achter mit stressbedingten Krankheiten wie Herzinfarkt oder Schlaganfall. Sie konnten einfach nicht akzeptieren, dass es auch eine Zeit und einen Ort zum Ausruhen geben muss.

Weibliche Achter unter Stress werden autoritär und scharf. Ihre Wut ist unübersehbar, und sie lassen sich

Eins: Die Acht ist engagiert und energisch wie die Eins, aber sie haben nicht denselben Fokus: Die Eins konzentriert sich auf das Problem, die Acht auf die Lösung.

Zwei und Fünf: Mit beiden Zahlen steht die Acht im Enneagramm in einer Beziehung: Die entspannte Acht geht in Richtung Zwei, die Acht unter Stress in Richtung Fünf. Von der Zwei braucht die Acht Zärtlichkeit, Zuneigung und die Aufmerksamkeit für die Gefühle anderer. Im Stress braucht die Acht von der Fünf die Fähigkeit zu warten und die notwendigen Informationen zu beschaffen, bevor sie handelt, und auch den Wert der Neutralität in manchen Situationen zu schätzen.

Drei und Sieben: Mit Dreien und Siebenen kommt die Acht richtig gut aus, denn all diese Typen sind rasch im Denken; sie arbeiten hart, spielen intensiv, schaffen eine Menge und sind nicht anfällig für weiche Gefühle. Alle drei Typen sind zukunftsorientiert und verfolgen ihre Anliegen energisch. Als Kollegen und Mitarbeiter sind sie top.

Vier: Die Stimmungsschwankungen einer Vier mitzuerleben stellt die Acht auf eine harte Probe. Aber wenn die Acht lernt, das in Kauf zu nehmen, kann sie entdecken, dass sie tatsächlich etliches mit der Vier gemeinsam hat: Sie sind die leidenschaftlichsten und intensivsten von allen Enneagramm-Typen, und beiden geht es um unbedingte Aufrichtigkeit – egal, wie hoch der Preis ist.

Sechs: Auf eine Sechs zu warten ist eine Geduldsprobe für die Acht. Die Sechs ist methodisch und sieht die Dinge in Echtzeit, während die Acht in der Zukunft lebt. Aber wenn die Acht der Sechs zuhört und eine Reaktion abwarten kann, können beide viel gewinnen.

Acht: In Beziehungen von Achtern untereinander gibt es jede Menge Leidenschaft. Einer von beiden wird sich von Zeit zu Zeit auf die Innenwelt konzentrieren müssen, Verantwortlichkeiten müssen geteilt werden. Aber vergessen wir nicht: Eine Acht mit einem Siebenerflügel kann sich sehr unterscheiden von einer Acht mit Neunerflügel.

Neun: Die Beziehung zwischen einer Acht und einer Neun kann faszinierend sein, wenn beide gereift und im gesunden Beziehungsmodus sind. Die Neun braucht ihre eigene Energie, ihr eigenes Programm und ihr eigenes Verständnis davon, was ihre Sache ist. Wenn eine Acht ganz bewusst und freiwillig einer Neun folgt, kann das etwas sehr Schönes sein.

durch nichts besänftigen. Aber wenn sie vor die Wand rennen, reagieren sie anders als ihre männlichen Gegenstücke: Sie sinken in sich zusammen, lassen eine Weile die Tränen fließen und gehen schlafen. Wenn sie einigermaßen gesund sind, teilen sie den anderen mit, dass sie jetzt eine Weile nicht zu erreichen sind. Sind sie das nicht, lassen sie jeden ihren Zorn spüren und verschwinden einfach ohne ein weiteres Wort.

Die Acht blüht zwar unter Stress auf, aber diese Extremenergie kann auch umschlagen, und dann ist sie nicht mehr förderlich. Wenn das passiert, geht die Acht instinktiv in Richtung Fünf und zieht sich vor der Welt zurück. Und das ist gut. So findet sie den Raum, um die Situation zu durchdenken und sich von einem anderen Punkt aus wieder auf die Welt einzulassen. Die gelassene Acht hat Zugang zur Energie und dem Verhalten der Zwei. Das ist gut, denn dann verbindet sie sich emotional auf eine Weise mit anderen, die auch den zarteren Seiten Raum gibt, die sonst unter der Aggression verborgen sind.

Grenzen in Beziehungen

Es wäre ein Missverständnis zu meinen, dass Achter sich Beziehungen weder wünschen noch sie zu schätzen wissen – das tun sie durchaus. Aber sie brauchen nicht viele Beziehungen und haben auch gar keine Zeit dafür, was erklärt, dass sie meist keine Freunde unter Arbeitskollegen haben. Vergessen wir aber nicht, dass Achter kollegial sind, sie sind gute Teamplayer. Allerdings haben sie ihre wichtigen sozialen Kontakte meist in anderen Lebensbereichen und nicht am Arbeitsplatz.

Achter bevorzugen einige wenige Freundschaften mit Menschen, denen Unabhängigkeit ebenfalls wichtig ist. Um Freundschaft mit einer Acht zu schließen, muss man vertrauenswürdig und in sich sicher sein und die Freundschaft frei halten von Erwartungen. Eine meiner Studentinnen sagt: „Für mich ist es tatsächlich *unmöglich,* eine enge Beziehung zu einem Menschen zu haben, der nicht genug Selbstvertrauen besitzt, um seine eigene Sache zu vertreten."

Viele Achter leben in einer gewissen Unausgewogenheit – das Resultat einer Überbetonung des Tuns und einer unbewussten Grundhaltung, die Gefühle ignoriert – die eigenen und die anderer. Aber diese Konzentration auf das Handeln kostet sie einen hohen Preis.

Als ältester von drei Brüdern und einzige Acht in der Familie war Jeff geradezu prädestiniert dazu, für die älter werdenden Eltern Entscheidungen zu treffen. Allerdings wollte er das gar nicht unbedingt allein tun. Jeff wollte seine Brüder einbeziehen, aber im Lauf der Zeit übernahm er irgendwie mehr und mehr Verantwortung und sie immer weniger. Er ging davon aus, dass sie entweder nicht konnten oder nicht wollten, und es endete schließlich damit, dass seine Mutter zu ihm zog, als es ihr gesundheitlich schlechter ging.

Getreu dem bestens eingeübten Familienmuster erledigte Jeff auch nach dem Tod der Mutter alles Nötige: Er wählte den Bestatter und den Sarg aus, schrieb die Todesanzeige für die Zeitung und hielt die Trauerrede. Nach der Trauerfeier fragte seine zwölfjährige Tochter ihn, warum er überhaupt nicht geweint habe. Es war ein Moment, in dem Abschied und Neuanfang und große Verletzlichkeit zusammenkamen, und Jeff nahm seine Tochter in den Arm und drückte sie herzlich an sich. Aber er konnte ihr nicht sagen, wovon er innerlich überzeugt war: Hätte er sich von seinen Gefühlen leiten lassen, dann hätte es niemanden gegeben, der dafür gesorgt hätte, dass die Beerdigung angemessen stattfinden konnte.

Ich glaube, viele Achter bleiben ihr Leben lang davon überzeugt, dass sie weiche Gefühle ignorieren müssen, wenn sie einen guten Job machen wollen.

In Wirklichkeit bestimmt das, was wir sehen, und die Art, wie wir es sehen, auch, was wir übersehen. Ich bin überzeugt: Achter haben keine Vorstellung davon, wie ihre Scheu davor, verletzlich zu sein, auf andere wirkt. Achter wissen nicht, dass ihre aggressive Ich-mach-das-schon-Haltung in anderen das Gefühl auslöst, sie seien unwichtig oder verzichtbar. Achter realisieren nicht, dass ihre demonstrative Unangreifbarkeit für die meisten von uns bedeutet: Sie zeigen sich eben nicht, wie sie wirklich sind, mit allen Macken und Fehlern. Dauerhafte verbindliche Beziehungen bauen sich unter anderem aber dadurch auf, dass man miteinander einen Weg geht, dass keiner führt und keiner folgt und dass man Freude und Leid miteinander teilt.

Achter übernehmen gewöhnlich das Kommando, egal wo oder mit wem sie gerade unterwegs sind. Für sie ist es wichtig, nicht zu vergessen, dass Beziehungen auf Gegenseitigkeit und Zusammenarbeit beruhen – beides Aspekte, die Menschen, die ständig im Führungsmodus operieren, leicht übersehen. Eine meiner Lieblingsmenschen, die Autorin und Pastorin Nadia Bolz-Weber, erzählte mir einmal, dass sie sich immer wieder bewusst machen muss, welch großen Stellenwert ihre Meinung in ihrer Gemeinde *House for All Sinners and Saints* besitzt: „Wir organisieren unser Gemeindeleben ohne Gremien und langfristige Zuständigkeiten – alles beruht darauf, wer mitmacht. Ich sage zum Beispiel: ‚Wer möchte am Aschermittwoch und den Passionssonntagen liturgische Gesänge haben?' Wer immer dann auftaucht, bildet den liturgischen Chor für den Tag. Damit das funktioniert, muss ich auf zwei Dinge verzichten: auf Kontrolle und auf Planbarkeit. Man weiß nie, wer kommt … oder ob überhaupt jemand kommt. Und ich muss die Kontrolle abgeben, ich muss zulassen, dass andere sich wirklich einbringen können. Es handelt sich also um einen sehr speziellen Führungsstil. Nicht nach dem Motto: ‚Alles ist möglich' – ich bin immer noch die Gemeindeleiterin. Aber wenn jemand anders eine gute Idee hat, muss ich mit mir selbst zurate gehen und auch mit allen anderen Anwesenden. Und das muss aufrichtig geschehen. Und es muss schnell geschehen … Ich muss verantwortungsvoll mit der Tatsache umgehen, dass meine Stimme sehr viel Gewicht hat. Das verlangt einiges an Selbsterkenntnis, und ich mache es nicht immer richtig; es sind genau diese Dinge, die einem letzten Endes schwerfallen. Aber wenn man seine Arbeit ordentlich erledigt, kann es gelingen. Dann überfährt man andere nicht einfach ohne Rücksicht auf Verluste."[2]

Ich glaube, Achter denken, dass sie sich selbst schützen, indem sie die Dinge in die Hand nehmen. Aber wenn man in einer Beziehung derjenige ist, der immer bestimmt und entscheidet, kann das in die Isolation führen. Zudem kann es Achter um einen Lerneffekt bringen: dass man nämlich mit den Überraschungen umgehen kann, die das Leben nun einmal mit sich bringt.

Wir alle schützen uns vor bestimmten Dingen, das darf man nicht vergessen (Neuner etwa schützen sich vor Konflikten, Siebener vermeiden Schmerz um jeden Preis und Vierer sorgen sich ständig davor, verlassen zu werden). Achter sind davon bestimmt, dass sie sich vor überraschenden Gefühlen schützen müssen. Aber wie man an Nadias Geschichte sehen kann, müssen sie lernen, nicht alle anderen zu überfahren.

Gemeinsam unterwegs

Achter demonstrieren sehr eindeutig, wie sie zu anderen stehen. Wenn man eine Acht beobachtet, ist offensichtlich, wer Zugang zu ihrer weicheren, empfindsameren Seite bekommt und wer nicht. Meine Tochter Joey, die mit mir zusammen Kurse leitet, hat einmal einer Gruppe sehr klar beschrieben, wie eine Acht Beziehungen am Arbeitsplatz gestaltet.

Sie hob die ineinandergelegten Hände und erklärte: „Dies ist es, was ich an emotionaler Wärme zur Verfügung habe. Das ist alles. Mehr habe ich nicht. Nie. Das meiste davon bekommen mein Mann und meine Söhne. Und wenn noch etwas übrig ist, dann fließt das in mein Bemühen ein, authentische persönliche Beziehungen zu möglichen Klienten aufzubauen. Ich frage meine Kollegen nicht nach ihrem Privatleben, und ich erzähle auch keine Einzelheiten von mir. Ich komme morgens zur Arbeit, um den Job zu erledigen, für den ich hier angestellt bin – und es ist mir sehr wichtig, diesen Job gut zu machen. Und wenn meine Kollegen das auch so sehen, dann können wir in diesem gemeinsamen Bemühen eine Art Kameradschaft genießen. Wenn nicht, habe ich ihnen nichts zu sagen. Ich habe Freunde. Ich komme nicht zur Arbeit, um Freundschaften zu schließen."

Auch wenn es gegen das eigene Empfinden geht – für die Acht ist es entscheidend, dass sie begreift: Wenn sie in Begegnungen mit anderen ihre Gefühle ausgewogen einbringt, profitiert sie selbst ebenso davon wie die anderen. Die Gefühle sind in ihrem Arsenal von Weltbewältigungsmitteln meist nicht sehr häufig in

Erscheinung getreten, daher gehören sie zu den reinsten Wesensanteilen der Acht. Wenn eine Acht sich gestattet, vor dem *Handeln* innezuhalten und sich über ihre Gefühle klar zu werden, wird ihr das sehr zugutekommen.

Beziehungen *für* die Acht

Eine der wunderbaren Seiten des Enneagramms ist die Tatsache, dass es uns zeigt, was wir haben können, was wir nicht haben können und was wir schlicht akzeptieren und zulassen müssen. Für Achter heißt das: Niemand kann so stark sein, wie sie es sind. Und hier noch ein paar Dinge, die Achter sich immer wieder einmal bewusst machen sollten:

Was Sie tun können …

- Führungspositionen ausfüllen, wenn Sie Menschen finden, die bereit sind zu folgen – und das setzt voraus, dass Sie respektieren, wie die anderen die Welt sehen.
- Die Erkenntnis zulassen: Ich kann führen und planen, aber ich kann nicht bestimmen, was am Ende dabei herauskommt.
- Stellen Sie Menschen ein, die hochgradig zupackend sind, aber vergessen Sie nicht: Sie werden auch immer mit Menschen arbeiten müssen, die es nicht sind.
- Lernen Sie, Zusammenarbeit und Geduld als Werte zu sehen – und diese Werte auch zu praktizieren.
- Schützen Sie sich selbst emotional, aber seien Sie sich bewusst, dass Sie es letztlich nicht vermeiden können, auch verletzlich zu sein.

Was Sie nicht können …

- umfassend verstanden werden, wenn Sie nicht auch die anderen Wege berücksichtigen, Information aufzunehmen.
- Verletzlichkeit vermeiden oder verdrängen und gleichzeitig gelingende Beziehungen erleben.
- immer die Führung übernehmen – lernen Sie, anderen mit Würde zu folgen.
- die Welt beeinflussen, ohne selbst von der Welt beeinflusst zu werden.
- jedes Problem mit Stärke und Tatkraft lösen.
- Gefühle mitempfinden, die Sie sich selbst noch nie gestattet haben.

Sie müssen also akzeptieren …

- dass Sie nicht immer recht haben.
- dass Sie nicht garantieren können, wie eine Sache ausgeht.
- dass Sie selbst unter Stress zu Höchstleistungen auflaufen, andere aber nicht.
- dass es etwas Größeres gibt als Sie selbst, auf das Sie sich konzentrieren sollten.

Beziehungen *mit* einer Acht

Das Wichtigste, das man in Beziehungen zu Achtern im Blick behalten muss, ist, dass ihre Aggressionen nicht persönlich gemeint sind. Sie wollen niemandem etwas Böses; lassen Sie sich also nicht durch ausgeprägte Sichtweisen und Ausbrüche irritieren.

Hier noch einige weitere Hinweise, wie Sie die Beziehung zu den Achtern in Ihrem Leben verbessern können:

- Nicht vergessen: Achter sind zwar stark und bestimmend, aber auch sie brauchen Fürsorge.
- Wenn Sie nicht für sich selbst einstehen, wenn Sie nicht von sich aus das Gespräch suchen, nicht ehrlich und nicht direkt sind, sind Sie für eine Acht unsichtbar.
- Reden Sie nicht um den heißen Brei herum: Für die Acht muss Kommunikation kurz, eindeutig und wahrhaftig sein.
- Seien Sie sich bewusst: Die Acht verhält sich in Beziehungen deshalb bestimmend, weil sie selbst nicht gern über sich bestimmen lässt.
- Tun Sie, was Sie sagen, und machen Sie ganz klar: Sie sind voll dabei – oder gar nicht.
- Achter mögen es nicht, wenn mit Dritten über sie geredet wird – und sie verstehen auch nicht, warum man das tut. Die Acht würde Ihnen sagen: „Warum solltest du jemand anderem sagen, was du von mir denkst? Sag es mir. Ich kann damit umgehen."

- Wenn eine Acht ein Problem mit Ihnen hat, sagt sie es. Wenn sie nichts sagt, aber trotzdem ein bisschen distanziert wirkt, hat es höchstwahrscheinlich nichts mit Ihnen zu tun.
- Erkennen Sie an, was die Acht leistet, aber übertreiben Sie es nicht. Achter trauen keiner Schmeichelei, sie brauchen sie auch nicht.
- Ermutigen Sie die Acht, regelmäßig Sport zu treiben, um so etwas von ihrer überschüssigen Energie abzubauen.
- Sie müssen wissen: Die Acht missversteht Zärtlichkeit gelegentlich als Manipulation.
- Intensität kommt bei der Acht immer gut an.
- Vergessen Sie nicht: Die Acht ist sich selten bewusst, wie sie auf andere wirkt oder was sie bei anderen auslöst.

Die Neun

Konflikte riskieren, um Verbindung zu schaffen

Andy Gullahorn, eine Neun und zugleich ein äußerst begabter Musiker, erzählt eine bemerkenswerte Geschichte über seinen ersten großen Konzertauftritt als Schüler in Austin, Texas: „In der Highschool fing ich an, Gitarre zu spielen, und da ich bereits lange Klavier gespielt hatte, lernte ich es schnell. Die Gitarre wurde rasch das Instrument meiner Wahl. Eine Mitarbeiterin in der Kanzlei meines Vaters hatte eine Country-Coverband, und sie hat mich gefragt, ob ich bei einem Konzert in der Nähe von Austin mitspielen wollte. Klar wollte ich spielen, mit fast jedem, fast überall, und natürlich sagte ich Ja.

Der Auftritt war in einer Feuerwehrhalle in Pedernales, Texas. Ich genoss es, mit der Band zu spielen, die Leute sangen mit und tanzten in der Auffahrt. Wir spielten vier oder fünf Songs, und alles war wunderbar, bis ich aufschaute und Willie Nelson direkt auf uns zukommen sah. Es war sein Geburtstag und die Feuerwehrhalle in Pedernales liegt direkt neben seiner Farm. Er kannte die Sängerin, unterhielt sich ein bisschen mit ihr, und dann fragte sie ihn: ‚Wie sieht's aus, spielst du uns ein paar Songs?'[3]

‚Jepp, klar', sagte Willie. Er kam auf die Bühne, und wir spielten eine Weile zusammen. Ich spielte die Harmonien in jeder Tonart, die Willie vorgab. Ich kannte alle seine Songs, es war für mich kein Problem. Wir haben alle echt Spaß gehabt, wie wir da so zusammen spielten. Irgendwann dachte ich: ‚Wow, das ist mein erster richtiger Auftritt und dann jamme ich gleich mit Willie Nelson!'"

Was ist hier los?

- Stellen Sie sich vor, Sie wären in dieser Situation gewesen, vom Anfang des Abends bis zum Schluss. Wie hätten Sie das alles erlebt?
- Inwiefern hätte sich Ihre Reaktion auf den Abend und die Gelegenheit, mit einer Legende wie Willie Nelson auf der Bühne zu stehen, von der von Andy unterschieden?
- Wie erklärt das Enneagramm den Unterschied zwischen Andys und Ihrer vermutlichen Reaktion?

Für einen musikbegeisterten Sechzehnjährigen in Texas ist es ein echt großes Ding, wenn der erste Auftritt sich zu einer langen Nacht als Rhythmusgitarrist für Willie Nelson entwickelt. Außer natürlich, man ist wie Andy: eine Neun, die sich von der Erfahrung, mit einer Legende der Countrymusic auf der Bühne zu stehen, emotional distanzieren kann. Die Wahrheit ist: Wir müssen wissen, wie wir uns Fremden gegenüber verhalten, um besser zu verstehen, wie wir uns den Menschen gegenüber verhalten, mit denen wir täglich zusammen sind.

Neuner haben die Fähigkeit, sich in jeder Beziehung abzukoppeln. Sie haben auch die Tendenz, sich aus Ereignissen einfach zu lösen. Überhaupt mit jemandem in Beziehung zu treten, egal, mit wem und für wie lange, birgt immer ein Verletzungsrisiko. Neuner bewältigen diese potenzielle Gefahr, indem sie sich selbst einreden, dass es keine Rolle spielt, dass sie dabei sind. Sie steuern bei, was sie beisteuern können, oder auch nicht, und glauben, dass es für das Gesamtergebnis keine Rolle spielt. Aber Willie Nelson hatte unter anderem deshalb eine tolle Geburtstagsparty in der Feuerwehrhalle von Pedernales, weil er Gitarre spielen und seine Lieblingssongs singen konnte. Und die Musik war an diesem Abend für Willie und auch für alle anderen besser, weil Andy Gullahorn alle Songs von Willie kannte und dazu in jeder beliebigen Tonart spielen konnte. Dass er dabei war, spielte sehr wohl eine Rolle – für alle Anwesenden, außer für Andy.

Wenn die Neun in der Lage ist, die Vorstellung gelten zu lassen, dass es eine Rolle spielt, ob sie da ist oder nicht, hat das positive Auswirkungen auf ihre Begegnungen mit anderen, vor allem mit den Menschen, die sie am meisten liebt.

Die Welt der Neun

Von allen Enneagramm-Typen ist die Neun die Zahl mit der geringsten Energie. Neuner sind umgänglich und anspruchslos – sie machen einfach nie Ärger, weil sie die Erfahrung gemacht haben, dass Intensität und eigene Wünsche oft zu Unannehmlichkeiten führen. Aber diese unkomplizierte Haltung ständig durchzuhalten, kostet sie eine Menge Energie.

Mein Mann Joe ist eine Neun. Er ist der wunderbarste Mensch, den ich kenne, aber er lässt sich unglaublich leicht ablenken. Mein Terminkalender ist so voll, dass ich selten ein Wochenende zu Hause verbringe, aber wenn, dann habe ich tatsächlich frei. An einem solchen Wochenende vor ein paar Jahren eröffnete Joe mir, dass er sich so darüber freute, dass ich zu Hause war, dass er nur eines wollte: mich in diesen Tagen nach Strich und Faden verwöhnen. Der Plan umfasste ausschlafen, Frühstück im Bett, Filme, Mittagsschläfchen und Zeit mit ihm – für mich das Allerbeste auf der ganzen Liste.

Als wir am Samstagmorgen aufwachten, sagte er, ich solle im Bett bleiben und lesen, und er würde mir den Kaffee ans Bett bringen. Ich griff nach einem Buch vom Nachttisch und begann zu lesen. Ich las … und las … und las. Irgendwann hörte ich, dass die Haustür aufging. Dann wurde die Tür zur Speisekammer geöffnet und wieder geschlossen. Ich hörte, wie die Zeitung auf die Küchentheke gelegt wurde und die Alarmanlage der Garagentür piepte, und langsam fing ich an, mich zu fragen, ob er überhaupt noch daran dachte, dass ich zu Hause war. Da hörte ich das vertraute Quietschen des Garagentors, gefolgt vom Dröhnen unseres Rasenmähers.

> Wir können nicht beeinflussen, wie wir sehen – beeinflussen können wir nur, was wir mit dem, was wir sehen, anfangen.

Ich stand auf der Veranda, die Hände in die Hüften gestemmt und mit einem Gesichtsausdruck, den Joe als eine Mischung aus Neugier und Enttäuschung beschrieb, und fühlte mich vergessen, unwichtig und übersehen. Als er mich erblickte, ließ Joe den Rasenmäher stehen, drängte mich, wieder ins Bett zu gehen, und beteuerte, er würde umgehend mit dem Kaffee erscheinen. Ein paar Minuten später stand er mit dem Kaffeebecher in der Tür und sagte: „Willst du wissen, was passiert ist?"

„Und ob ich das wissen will!"

„Also, ich war auf dem Weg in die Küche, als ich die Katze der Nachbarn an der Haustür hörte. Ich scheuchte sie fort, dabei fand ich die Zeitung vor der Tür, hob sie auf, nahm sie aus der Plastikhülle und warf die Hülle in den Abfall. Ich legte die Zeitung auf die Theke, dabei lag die Seite mit den Anzeigen oben. Und was stand da? Bei Home Depot gibt es Schnur für den Rasentrimmer im Angebot! Ich weiß schon, das sagt dir nicht viel …"

„Da liegst du richtig. Ich weiß in der Tat nicht das Geringste über unseren Rasentrimmer und irgendeine Schnur."

„Also, diese Schnur, der Freischneidefaden, ist teuer, und es gibt ihn in verschiedenen Größen. Ich ging in die Garage, um nachzusehen, welche Größe wir brauchen, und die gute Nachricht war, dass genau die Größe, die wir brauchen, im Angebot ist; beim Kauf einer Spule gibt es die zweite gratis. Unglaublich, was? Ich hängte den Rasentrimmer wieder an den Haken neben dem Rasenmäher, und dann dachte ich: Es ist ein wunderschöner Morgen, ich sollte mal den Rasen mähen."

Wer in einer Beziehung zu einer Neun lebt, muss irgendwann die Tatsache akzeptieren, dass das Leben einer Neun aus lauter Ablenkungen besteht. Selbst wenn Neuner sich ganz gezielt auf eine Sache konzentrieren, können sie sich dabei in irgendetwas verlieren, das überhaupt nicht vorgesehen war. Und wenn das heißt, dass Sie dann vergessen werden, nehmen Sie es nicht persönlich, denn es hat nichts mit Ihnen zu tun – es ist einfach die Art, *wie Neuner sehen.* Neuner verfolgen jede Spur, die ihren Weg kreuzt, egal, was sie eigentlich gerade vorhatten. Neuner berichten mir immer wieder, dass sie ständig dabei sind, diese Neigung zu bekämpfen.

Konflikt und Selbstschutz. Jeder von uns vermeidet bestimmte Dinge, und die Neun vermeidet Konflikte. Aus ihrer Perspektive gibt es nur sehr weniges, wofür sich ein Streit lohnt, es sei denn, eine Entscheidung bedroht ihre Integrität. Auf jeden Fall will die Neun keine Zeit damit verschwenden, sich über – wie sie sagt – „diese Kleinigkeiten" zu streiten – vielleicht ist das ja das Geheimnis ihrer Friedfertigkeit.

Meist fühlen sich Menschen zu Neunern hingezogen. Aber manchmal hat die Neun das Gefühl, andere wollten zu viel von ihr – zum Beispiel wissen, wer sie eigentlich ist und wofür sie steht. Das kann eine echte Herausforderung sein, denn Neuner neigen dazu, sich den Ideen und Plänen anderer anzuschließen, um Konflikte zu vermeiden. Das macht es für andere schwierig einzuschätzen, wer die Neun eigentlich ist, was sie will und ob man ihr trauen kann.

Der Ehe- und Familientherapeut Dr. Chris Gonzalez erklärt diese Tendenz der Neun, sich anzupassen, so: „Ich hatte Mühe, mich selbst zu verstehen; denn ich neige dazu, die Art, wie ich meine Persönlichkeit darstelle, ständig zu ändern, je nachdem, mit wem ich zusammen bin. Gegenüber Menschen, die sehr emotional sind, bin ich auch emotional. Bin ich von Leuten umgeben, die sehr dominant sind oder einen Hang zu ungesunden Konflikten oder Zorn haben, halte ich mich zurück. Ich würde dann wahrscheinlich alles tun, um ihren Zorn zu besänftigen oder möglichst viel Frieden zu stiften.[4]

Chris' Verhalten gründet in der Motivation, den Frieden zu wahren und alles im Gleichgewicht zu halten. Aber Chris versteht auch, wie verwirrend und ungesund ein solches Verhalten in langfristigen Beziehungen sein kann.

Die Neun wird vermutlich nie einen Konflikt wirklich begrüßen, aber sie kann lernen, damit umzugehen, indem sie sagt, was sie denkt und was sie will. Wenn sie das tut, ist es fast immer gut für ihre Beziehungen. Tut sie es nicht, überlässt sie es dem anderen, sich in Vermutungen, Ratespielen und Hoffnungen zu ergehen.

In einer Beziehung auf Ratespiele, Vermutungen und Hoffnungen angewiesen zu sein ist ermüdend, ungesund und meistens auch unergiebig. Wie jeder andere hat auch die Neun Wünsche und Ideen und Vorlieben. Und sie ist sehr wohl in der Lage, diese auch zu benennen, wenn sie bereit ist, das Risiko einzugehen. Und ihre Beziehungen werden davon profitieren.

Trägheit. Neuner werden oft missverstanden, weil sie manchmal zur falschen Zeit an der richtigen Sache arbeiten. Eine Neun hat mir kürzlich erklärt: „Es ist keine Faulheit – es ist der Hang, sich mit Dingen zu beschäftigen, die dich davon abhalten, das zu tun, was eigentlich zu tun ist." Angesichts dieser neuen Definition von Trägheit fiel es ihm wie Schuppen von den Augen: „Ich bin sehr, sehr gut darin, Dinge zu tun und andere davon zu überzeugen, alles, was ich mache, sei ungemein wichtig. Aber die Wahrheit ist: Ich schiebe damit etwas anderes auf die lange Bank – und das gibt mir Energie." Was für eine wertvolle Erkenntnis! Nur eine Neun konnte das so erklären.

Neuner beziehen Energie daraus, dass sie das vermeiden, was getan werden muss. Es ist sogar so, dass sie ihre besten Gedanken und kreativsten Ideen gerade dann haben, wenn sie die Aufgaben vermeiden, die eigentlich gerade ihre Aufmerksamkeit fordern. Menschen, die mit Neunern in Beziehung stehen, verstehen diese Dynamik meist nicht und schließen daraus, die Neun sei eben träge, und wenn sie wollen, dass die Dinge erledigt werden, müssen sie es selbst tun.

Rechtes Handeln. Zu den wertvollsten Aspekten des Enneagramms gehört die Tatsache, dass es für jeden Persönlichkeitstyp ein Sicherheitsnetz bietet. Das Gegenstück zur Tendenz der Neun, sich in vermeintlich unwichtigen Dingen um des lieben Friedens willen einfach anderen anzupassen, nennt sich *rechtes Handeln,* und das ist entscheidend. Wenn eine Entscheidung für ein bestimmtes Handeln das Potenzial für Konflikt und negative Konsequenzen in sich trägt, man aber dennoch an der Entscheidung festhält, wird dies als *rechtes Handeln* bezeichnet. Neuner sind *keine* rückgratlosen Wischiwaschi-Typen ohne richtige Meinung. Sie sind allerdings Menschen mit einem begrenzten Maß an Energie, und sie überlegen sich sehr genau, wofür sie sie einsetzen. Über viele Dinge, die andere Enneagramm-Typen sehr ernst nehmen, regen Neuner sich erst gar nicht auf. In ihren Augen sind die meisten Dinge das Risiko und den Schmerz nicht wert, die nun mal zu einem Konflikt gehören. Aber wenn es um etwas wirklich Wichtiges geht – etwa um Entscheidungen, die lebenslange Konsequenzen haben – sind Neuner zupackend, mutig, engagiert und entschlossen. Und damit stiften sie oft dann tatsächlich mehr Frieden als mit ihrer Anpassungsstrategie.

> Neuner erscheinen manchmal abgelenkt oder unbeteiligt, aber das ist nicht zwingend ein Hinweis darauf, dass es ihnen an Interesse mangelt.

Meinungsverschiedenheiten darüber, wohin es im Urlaub oder auch nur zum Essen gehen soll, können einer Neun den letzten Nerv rauben. Aber wenn die Neun zweifelsfrei weiß, dass sie Entscheidungen treffen muss, die wichtige Situationen betreffen, tut sie das ohne Zögern. Es kommt vielleicht nicht oft vor, aber wenn, dann verändert es die Neun und ihre Beziehungen zum Besseren.

Zorn. Zusammen mit der Acht und der Eins bildet die Neun in der Zorn-Triade die Spitze des Enneagramms. Wenn eine Acht zornig ist, weiß man es sofort – sie sagt deutlich, warum, und wartet auf Ihre Antwort, um dann wieder zur Tagesordnung überzugehen. Ganz anders macht es die passiv-aggressive Neun. Sie schweigt und bleibt stur. Neuner sind vielleicht die stursten von allen Enneagramm-Typen. Sie lassen sich weder durch Nörgeln noch Zwang oder Manipulation zu etwas bewegen, was sie nicht wollen. Wer also diese Methoden in der Beziehung zu einer Neun verfolgt, muss sich auf viel Frustration und sehr wenig Erfolg gefasst machen. Neuner haben ihre eigenen Wege, um andere wissen zu lassen, dass sie verletzt oder zornig sind, aber sie tun es nie direkt. Man kann es vermeiden, sich von den vagen Anspielungen und nonverbalen Demonstrationen von Verletztheit oder Unzufriedenheit einer Neun gefangen nehmen zu lassen, aber das erfordert von beiden Beteiligten ein erhebliches Maß an Zeit, Energie und Verständnis.

Neuner, die zornig sind, sind keine guten Taktiker; deshalb erkaufen sie sich Zeit, indem sie ihre Gefühle indirekt ausdrücken. Sie fürchten, ein direkter und aggressiver Wortwechsel würde zum Bruch der Beziehung führen. Und zudem befürchten sie, wenn sie ihrem Ärger erst einmal freien Lauf lassen, könnten sie ihn nicht mehr beherrschen.

Wenn man eine Neun zu einem Konfliktgespräch zwingt, weil man selbst zornig ist, wird die Neun in der Regel schweigend dasitzen, bis man ausgeredet hat. Anschließend wird sie gezielt sowohl das Thema als auch den Konfliktpartner meiden, bis die Aufregung abgeklungen ist. Egal, von wem der Ärger ausgegangen ist, die Neun wird sich höchstwahrscheinlich aus dem Staub machen und unerreichbar sein, in der Überzeugung, dass sich das Problem mit der Zeit von selbst erledigen wird. Neuner müssen lernen, dass die Dinge sich keineswegs regeln, dafür aber Frustration und Ärger wachsen, wenn sie sich in Konfliktsituationen einfach ausklinken.

> In der Weisheit des Enneagramms ist das Beste an einem Menschen zugleich auch das Schlechteste.

Wer in einer Beziehung zu einer Neun lebt, sollte wissen: Wenn die Neun passiv-aggressiv reagiert, dann zeigt sie damit ihre Verletztheit oder Enttäuschung – nur eben nicht direkt. Mein Mann zum Beispiel ruft mich normalerweise immer vormittags zu Hause an. Wenn irgendwas in unserer Beziehung nicht stimmt, kann ich auf den Anruf warten, meist bis fast zum Mittag. Wenn ich dann frage, ob etwas nicht stimmt, streitet er das ab, erklärt mir, er müsse jetzt auflegen und würde später wieder anrufen. Aber in Wirklichkeit ist das ein Signal, dass ich Joe mit irgendetwas, das ich getan oder nicht getan habe, verletzt habe oder dass er zornig ist. Er möchte, dass ich das weiß, aber er will die Sache nicht diskutieren. Am liebsten wäre es ihm, dass ich akzeptiere, dass er unglücklich ist, herausfinde,

Eins: Wenn die Eins etwas durchdacht hat und den nächsten Schritt tun will, möchte die Neun sich meist noch nicht festlegen. Neuner müssen beherzigen, dass Abwarten zwar klug sein kann, es aber auch eine Zeit zum Handeln gibt.

Zwei: Beziehungen zwischen Zweiern und Neunern sind häufig, und in der Regel gelingen sie. Die Neun kann ihren Beitrag zur Beziehung leisten, indem sie der Zwei klar macht, dass es weder notwendig noch gesund ist, auf jedes Gefühl, das sie bei anderen wahrnehmen, sofort zu reagieren. Neuner können Zweiern auch helfen zu erkennen, dass sie die Tendenz haben, sich übergriffig in das Leben anderer einzumischen.

Drei und Sechs: Die Neun steht im Enneagramm in linearer Verbindung zur Drei und zur Sechs. Unter Stress tendiert sie zur Sechs, entspannt in Richtung Drei. Die Neun braucht das Selbstvertrauen der Drei, um sicher zu sein, dass sie auch etwas Wertvolles beitragen kann und dass andere es begrüßen, wenn sie voll und ganz am Leben teilnimmt. Mithilfe der Sechs kann die Neun den richtigen Zeitpunkt erkennen, um zu akzeptieren, dass man nicht jedem Menschen trauen kann; Neuner, die sich weigern, dies anzuerkennen, werden in ihrem

warum, in Zukunft die Ursache seines Missfallens vermeide und ansonsten weiterlebe, als sei nichts geschehen.

Es ist nur fair zuzugeben, dass Joe heute, nach vielen Jahren, in denen wir daran gearbeitet haben, sehr viel besser darin ist, direkt zu kommunizieren. Und unsere Beziehung hat von diesem seinem Bemühen sehr profitiert. Hätten wir das Enneagramm nicht kennengelernt, wüsste ich nicht, ob wir seine automatische Reaktion auf Verletzungen und Enttäuschungen hätten identifizieren und dann ganz bewusst daran hätten arbeiten können, dass es anders wird.

Die Neun und die anderen Stresspunkt und Trostpunkt

Eine Neun unter Stress ist häufig in sich gekehrt, unentschlossen und halsstarrig. In der Regel ist sie abwesend (emotional und physisch), und wenn sie anwesend ist, ist sie entweder unfähig oder unwillig, das Risiko einer Verbindung zu anderen einzugehen. Neuner wollen durch nichts kontrolliert oder beeinflusst werden; aus diesem Grund spielen sie herunter, wie wichtig es ist, sich Hindernissen zu stellen. Aber eine Neun, die diesem Muster folgt, riskiert,

Gelegenheiten zu verpassen, die nie wiederkommen. Das Leben findet in Echtzeit statt, und man muss präsent sein, um es zu erleben.

Wenn die Neun unter Stress sich am reiferen und gesünderen Verhalten einer Sechs orientiert, ist sie nicht selten in der Lage, ihre Umwelt bedeutsam zu beeinflussen. Mit etwas von der Sechs an Bord wird die Neun mitteilsamer, besonders wenn es das Allgemeinwohl betrifft. Unsere Tochter Jenny, eine Neun, ist in der Verwaltung eines katholischen Schulverbands tätig. Als die Gehaltsstufen verändert werden sollten, und zwar auf eine Weise, die gegenüber langjährigen Lehrkräften unfair waren, wurde sie zur Stimme des gesamten Lehrkörpers. Aber dass sie sich einmischte, hat alle überrascht. Neunern ist viel an sozialer Gerechtigkeit gelegen; es sollte also niemanden überraschen, wenn die Neun unter Druck den Mund aufmacht und sich aktiv dafür einsetzt, die Dinge in Ordnung zu bringen.

Wenn das Leben glatt läuft und die Neun sich sicher fühlt, kann sie sich auch einige Verhaltensweisen aneignen, die normalerweise der Drei zugeordnet werden. Im Wesentlichen ist das alles, was mit Leistung und Tun

Bestreben, im Leben möglichst ungeschoren davonzukommen, sehr herausgefordert werden.

Vier: In einer langfristigen Beziehung zu einer Vier kann der Mangel der Neun an Intensität zum Problem werden.

Fünf: In der Beziehung zu einer Fünf wird die Neun um das, was sie will, bitten müssen. Wenn die Neun sich dazu bereitfindet, werden beide profitieren.

Sieben: Die Neun und die Sieben teilen eine wunderbare Sicht der Welt. Beide sind aufgeschlossen und schätzen die Vielfalt. Aber die **Neun** wird sich davor hüten müssen, einfach mitzumachen, um einen Bruch zu vermeiden. Die Sieben wiederum muss sich bemühen, Konsequenzen im Blick zu haben.

Acht: Die Neun darf nicht zulassen, dass die Acht die Beziehung definiert. Das wäre nicht fair und würde einen Mangel an Respekt für beide Beteiligten beweisen. Aber Acht und Neun können großartig zusammenpassen, wenn die Neun sich zeigt und greifbar wird.

Neun: In einer Beziehung zu einer anderen Neun sollten beide einander darin vorangehen, den Status quo infrage zu stellen.

und Erfolg zusammenhängt. In diesem Raum setzt die Neun sich Ziele, die erreichbar sind. Partner und Kollegen wissen es zu schätzen, wenn die Neun sich zeigt, Vertrauen in sich selbst beweist und selbstbewusst ihren Beitrag leistet.

Grenzen in Beziehungen

Für die Neun ist es schwerer als für alle anderen Enneagramm-Typen zu wissen, wer sie in einer Beziehung ist. Neuner scheinen mit dem Wunsch zur Welt zu kommen, vom Leben unberührt zu bleiben, und mit der Tendenz, sich den Ideen und Plänen anderer einfach anzupassen.

Chris Gonzales erklärt das besser als ich. Er sagt, in ernsthaften Gesprächen beginne er „mit dem zu verschmelzen, was der andere [zu ihm oder über ihn] sagt". Das sei, „als schaue ich in einen beschlagenen Spiegel – ich kann mich selbst nicht richtig sehen oder hören, weil ich mich bemühe, einen anderen zu sehen". Chris' Reaktion schenkt uns eine entscheidende Einsicht: „Wenn ich in Gesellschaft eines Menschen bin, der klare Grenzen hat, verschmelze ich automatisch mit ihm. Es würde mich zu viel Energie kosten, wollte ich das, was ich denke und empfinde, von dem trennen, was der andere so klar zum Ausdruck bringt. Aber wenn diese Person dann weg ist, kann ich klarer denken. Mich auf diese Weise selbst zu erkennen kostet mich eine Menge Energie. Wenn ich aber diese Energie dafür nutze, den anderen kennenzulernen, hinterlässt das eine bizarre Amnesie im Hinblick auf mich selbst."[5]

In Beziehungen mit einer Neun schätzt der Partner diese Nachgiebigkeit der Neun gegenüber seinen Plänen in der Regel, denn sie bedeutet, dass es nach seiner Nase geht. Problematisch wird es, wenn die Neun überraschend eine starke Meinung oder einen Wunsch äußert, der mit dem, was der andere will, im Konflikt steht. Aber trotzdem ist es für die Beziehung viel besser, wenn die Neun verlässlich in Worte fasst, was sie denkt, will und braucht.

Kommunikation mit einer Neun kann verwirrend sein. Es sollte jetzt nicht mehr überraschen, dass Neuner oft genug einfach das sagen, was der andere hören will, oder aber gar nichts – sie betrachten das als Schutzmaßnahme für die Beziehung. Und solange sie nicht ein wenig Arbeit investieren, haben sie auch keine Ahnung, dass sie die Beziehung nicht bewahren, sondern beschädigen, wenn sie nicht ehrlich sagen, was sie denken.

Bedenkt man die Tendenz der Neun, sich anzupassen, könnte man geneigt sein zu glauben, Neuner würden leicht zu Opfern von Gruppendruck. Das ist nicht der Fall. Anpassung ist in der Sicht der Neun die Strategie für eher unwichtige Dinge. Die Neun sieht sich aber durchaus in der Lage, eigene Entscheidungen zu treffen und umzusetzen, ob nun mit oder ohne Unterstützung durch andere. Sie ist in Wirklichkeit unabhängig. Neuner denken selbstständig und sind durchaus zufrieden damit, auch allein zu handeln. Zwar ist ihnen immer bewusst, was andere von ihnen erwarten, aber Neuner würden nie die eigene Integrität aufgeben, um an etwas teilzuhaben oder zu einer Gruppe zu gehören. Anders als andere Nummern im Enneagramm behalten Neuner es aber für sich, wenn ihnen etwas missfällt; sie haben keinerlei Verlangen danach, dass andere bemerken, dass sie sich bereits innerlich ausgeklinkt haben.

> Neuner entfalten sich am besten, wenn sie jemanden haben, der sie verantwortlich dafür macht, selbst gesteckte Ziele auch zu erreichen.

Als ich ein Teenager war, also vor langer Zeit, war das Standardargument, das wir vorbrachten, wenn wir etwas durchsetzen wollten, was unseren Eltern nicht recht war: „Alle machen das." Und unsere Eltern antworteten regelmäßig irgendwas in der Art: „Wenn alle von der Brücke springen, würdest du dann auch springen?“ Neuner würden nicht von der Brücke springen, aber sie würden jeden anderen springen lassen, wenn er das will.

Im Blick auf Entscheidungen und Verhalten ist die Neun von allen Nummern des Enneagramms am wenigsten bestimmend. Ihre Wertschätzung für Unabhängigkeit ist zweigleisig: Sie wollen selbst unabhängig sein, und sie gönnen anderen ebenfalls ihre Eigenständigkeit.

Gemeinsam unterwegs

Ich erzähle immer gern von meiner Freundin Patsy. Sie unterrichtet Kinder mit Sehbehinderung. Bei einem Elternabend brachte ein Augenarzt für jedes Elternteil eine speziell angefertigte Brille mit, die ihnen buchstäblich vor Augen führte, was ihre Kinder sehen und nicht sehen konnten.

Das Ergebnis war erstaunlich. „Die Eltern nahmen die Kinder in den Arm und sagten ihnen, wie stolz sie auf sie wären. Und die Kinder genossen die Anerkennung, nach der sie sich so gesehnt hatten“, berichtete Patsy. Die Spezialbrillen machten den Eltern klar, welche Herausforderungen ihre Kinder meisterten. „Die Erwartungen der Eltern wichen einem ungläubigen Staunen, als ihnen klar wurde, was ihren Kindern alles gelang, obwohl sie so schlecht sehen konnten.“

Einen besonderen Einfluss hatte diese Geschichte auf Bill Millican, der sein Augenlicht im Alter von 37 Jahren aufgrund einer Krankheit verlor. „Patsy gab uns ein Beispiel aus dem echten Leben, wie unterschiedlich Menschen die Welt sehen und wie wichtig es ist, dass wir die Welt auch mit den Augen anderer sehen.“

Bill ist von Beruf Mediator. Weil er eine Neun ist, so sagte er mir, kann er fast immer alle Seiten eines Konflikts sehen und verstehen. „Es ist klar“, sagte er, „dass ein guter Mediator oder Friedensaktivist jemand sein muss, der alle Seiten des Lebens sehen, verstehen und empathisch nachempfinden kann. Das heißt nicht, dass ich nicht auch starke Tendenzen für die eine oder andere Seite in einem Konflikt haben kann. Es bedeutet nur, dass ich die Sicht aller an der Diskussion Beteiligten nachvollziehen und klar artikulieren kann. Und ist das nicht am Ende das, was alle wollen? Eine Chance, verstanden zu werden."

Leider bilden wir uns unser Urteil über andere in der Regel, ohne über die Fähigkeit zu verfügen, die Welt mit ihren Augen zu sehen. Wie die Eltern dieser Kinder sind wir blind für die Hindernisse, die andere wahrnehmen. Und dieser Mangel an Sehvermögen ist ganz sicher eine Beeinträchtigung für unsere Beziehungen.

Neuner sehen zwei Seiten jeder Medaille mit allen Vor- und Nachteilen. Das erschwert es einer Neun, Entscheidungen zu treffen, was wiederum dazu führt, dass sie sich in Beziehungen gern anpasst. Wenn eine gesunde Neun allerdings bereit ist, deutlich zu sagen, was sie will, ist sie meist auf der richtigen Spur in die richtige Richtung und aus dem richtigen Grund. Wenn das passiert, profitieren alle Beteiligten.

Beziehungen *für* die Neun

Zu verstehen, was wir beeinflussen können und was nicht, ist ein Teil der Reise mit dem Enneagramm. Neuner müssen sich daran erinnern, dass ihre Stimme zählt, weil sie zählen. Hier noch ein paar andere Dinge, die die Neun beherzigen sollte:

Was Sie können …

- wirklich gute Techniken erlernen, um manche Konflikte zu vermeiden und andere zu lösen.
- lernen, mit der Spannung zwischen Ihrer Anpassungstendenz und der Angst davor, unbequem zu sein, umzugehen.
- erkennen, dass Beziehungen am besten gedeihen, wenn Sie Ihre Identität nicht aufgeben.
- verstehen, dass Konflikte zu vermeiden häufig zu neuen Konflikten führt.

Sie können aber nicht …

- jeden Konflikt vermeiden.
- die Realität ignorieren, dass „später" kein existierender Zeitpunkt ist.
- Brüche und Verluste in Beziehungen vermeiden. Manche Beziehungen bestehen nicht auf Dauer – und vielleicht waren sie auch gar nicht so gedacht.
- erwarten, dass andere Ihre Gedanken lesen.

- gesund und umfassend heil sein, wenn Sie sich ein Leben lang zurücknehmen, nur um mit anderen verbunden zu bleiben.

Sie müssen also akzeptieren …

- dass Probleme sich nicht von allein erledigen.
- dass Sie sich manchmal auch durchsetzen müssen. Und das ist Ihre Verantwortung, was immer es kostet.
- dass es keine gesunde Beziehung gibt, in der nicht auch Ärger, Enttäuschungen und Konflikte vorkommen.
- dass Sie im Leben von anderen durchaus eine Rolle spielen. Andere verlassen sich auf Sie, vertrauen Ihnen und wünschen sich, dass Sie sich einbringen.

Beziehungen *mit* einer Neun

Neuner brauchen viel Bestätigung und Zuneigung. Wenn eine Neun also die Kraft aufbringt, ein ehrliches „Nein“ zu sagen, zeigen Sie ihr, wie sehr Sie diese Ehrlichkeit zu schätzen wissen, und bekräftigen Sie, dass Sie die Beziehung nicht aufkündigen, egal, wie die Neun reagiert. Hier noch ein paar weitere Dinge, die Sie in Beziehungen mit Neunern beherzigen sollten:

- Neuner haben ihre eigenen Wünsche und Träume und Vorlieben – ermutigen Sie sie, diese auch zu äußern.
- Unterstützen Sie die Neun darin, in der Beziehung zu Ihnen auch die eigene Identität zu zeigen.
- Neuner schätzen ein harmonisches Umfeld – und vermutlich brauchen sie es auch.
- Neuner wollen und brauchen Zeit für sich, Raum für sich und Unabhängigkeit.
- Sagen Sie nie: „Meinst du nicht, wir sollten …?“ Die Antwort wird fast immer ein Ja sein, aber oft genug nicht das, was die Neun wirklich denkt oder möchte. Versuchen Sie es stattdessen mit der Frage: „Findest du, wir sollten …?“
- Konzentrieren Sie sich mehr auf das, was die Neun tut, als darauf, was sie vergisst oder nicht erledigt.
- Unterbrechen Sie eine Neun nicht, wenn sie redet. Und lassen Sie ihr Zeit, ein wenig um die Sache herumzureden – sie kommt schon noch zum Punkt.
- Vergessen Sie nicht: Die Neun ist großzügig. Wenn man nicht vorsichtig ist, kann man sie leicht ausnutzen.

- Neuner mögen keine Konfrontation, aber das heißt nicht, dass man sie nie mit unangenehmen Dingen konfrontieren sollte. Gegensätzliche Sichtweisen gehören zum Leben.
- Ermutigen Sie die Neun, auch das mitzuteilen, was sie belastet.
- Neuner wollen klare und direkte Kommunikation darüber, was von ihnen erwartet wird.
- Wenn eine Neun sich von Unwesentlichem ablenken lässt, können Sie durch geschickte Fragen ihre Energie wieder in die richtigen Bahnen lenken.
- Vergessen Sie nicht: Die Zustimmung einer Neun führt nicht immer zu innerer Beteiligung.
- Neuner treffen persönliche Entscheidungen nicht schnell. Und in der Regel wollen sie dabei Ihre Hilfe nicht.

Die Eins

Es könnte alles besser sein

An einem schwülen Sommernachmittag hielt ich in Nashville einen Einführungsvortrag zum Enneagramm, als mir ein attraktives Paar in den vorderen Reihen auffiel. Amanda war gut gekleidet und wirkte aufmerksam und freundlich. Christopher passte dazu: akkurat gebügeltes Hemd, gepflegter Bart und ein Gesichtsausdruck konzentrierter Aufmerksamkeit. Sie hörten interessiert zu, als ich über die Acht und die Neun sprach, machten sich Notizen und nickten gelegentlich zustimmend.

Aber als ich dann zur Eins kam, änderte sich das grundlegend. Plötzlich wirkten sie irritiert und überrascht. Immer wieder sahen sie sich an oder beugten sich vor, als könnten sie mich dann besser verstehen, und je länger ich redete, umso verstörter wirkten sie. Schließlich brach Amanda in Tränen aus, und Christopher versuchte sie zu beruhigen, wobei er offensichtlich Mühe hatte, seine eigenen Gefühle in den Griff zu bekommen.

Ich hegte die starke Vermutung, dass sie beide Einser waren.

Wenn die Eins Näheres über ihren eigenen Typ erfährt, ist das meist sowohl befreiend als auch überraschend. Zustimmendes Nicken, wenn ich beschreibe, wie die Eins die Welt sieht. Eine etwas aufrechtere Haltung, wenn sie hört, dass sie die Gabe besitzt, jede Situation rasch zu erfassen und das Verbesserungspotenzial darin zu entdecken. Und ungeteilte Aufmerksamkeit, wenn ich über den inneren Kritiker rede, der Einser ständig ermahnt, sie *könnten es besser machen* und sie könnten *besser sein*.

Amanda sagte später: „Das Entscheidende an der Eins ist: Nichts ist je gut genug. Ich bemühe mich andauernd um Perfektion, aber es ist unmöglich, sie zu erreichen. Es ist schlicht nicht machbar."

Christopher stimmte ihr zu: „Gut genug ist gut genug für jeden anderen, aber ich muss es eben *richtig* gut machen. Nicht nur *irgendwie*. Ich will keine Drei, ich will die Eins plus."

Was ist hier los?

- Können Sie sich vorstellen, wie es wäre, ständig eine unnachgiebige innere Stimme zu hören, die Sie kritisiert und Ihnen sagt, dass nichts je gut genug ist?
- Wie würden diese innere Stimme und das, was sie verlangt, sich auf Ihre Beziehungen auswirken?
- Worin liegt Ihrer Meinung nach der Unterschied zwischen *gut sein* und *es gut machen?*

Was Beziehungen angeht, sollten wir eines immer im Blick behalten: Wir können nichts daran ändern, wie wir sehen – verändern können wir nur, was wir mit unserer Art zu sehen anfangen. Einige Nummern des Enneagramms würden überhaupt nicht merken, wenn etwas unangebracht ist oder nicht funktioniert; andere würden es zwar merken, aber sich nicht weiter darum kümmern. Ganz anders die Eins. Und wenn wir das wissen, verstehen wir, warum das Wort *Perfektion* so häufig mit der Eins in Verbindung gebracht wird. Was Einser im Übrigen überhaupt nicht mögen.

Als ich mit Ian Cron das Buch *Wer du bist* schrieb, haben wir immer wieder diskutiert, wie wir die Eins nennen wollten. Die

Einser, die ich kenne, legten Begriffe nahe wie „Reformer“ oder „Bewerter“, beides Begriffe, die wir neben weiteren Vorschlägen in Betracht zogen. Tatsächlich ist es so, dass die meisten Einser einen Großteil ihres Lebens darauf verwenden, der Perfektion nachzujagen – in Gedanken und Worten und Taten. Sie haben dafür respektable Gründe, aber das ändert nichts daran, dass sie es eben tun. Und Perfektion gleicht einer Eisfigur: Sie besteht nur, solange sich das Klima nicht verändert.

Wenn Sie in Beziehung mit einer Eins leben, sollten Sie wissen: Sie werden sich gegen einen Kritiker behaupten müssen, den Sie nicht hören können, der aber an fast allem, was die Eins tut und denkt, etwas auszusetzen hat und ihr ständig einflüstert, sie sei auf schreckliche und unheilbare Weise fehlerhaft. Und leider reagiert die Eins darauf mit ihrer eigenen Bewältigungsstrategie: Sie sucht nun die Fehler bei anderen – und oft genug wird sie sie an *Ihnen* finden. Einser glauben, Kritik sei etwas Liebevolles; man muss ihnen erst beibringen, dass nicht jeder es – so wie sie – begrüßt, wenn er korrigiert oder angespornt wird, es besser zu machen.

Einser wie Amanda und Christopher erleben ihre Beziehung als schön und kompliziert: In ihrem Streben nach Perfektion sind sie sich einig, aber wenn es darum geht, was genau perfektioniert werden muss, haben sie unterschiedliche Prioritäten. Diese beiden werden sich ein Leben lang mit ihrem jeweils eigenen inneren Kritiker auseinandersetzen müssen. Sie kommen zurecht, aber sie müssen die Herausforderung meistern, ein gewisses Maß an Unvollkommenheit bei sich selbst und bei anderen zu akzeptieren. Und sie müssen einen Weg finden, damit zufrieden zu sein.

Die Welt der Eins

Die spontane Reaktion der Eins auf fast alles ist: „Was kann ich daran verbessern?“ Das ist schön und gut, solange sie dabei auch im Blick hat, dass andere vielleicht denken: „Wie kann ich das erledigen und abschließen?“ oder: „Muss ich hierauf wirklich noch mehr Mühe verwenden, oder kann ich mit dem leben, was ich bisher erreicht habe?“ oder auch: „Fertig – muss reichen“ oder sogar: „Okay, hier fehlt zwar noch ein Teilchen, aber wenn das jemanden stört, soll er es eben selbst einbauen“.

Einsern fällt es schwer, Menschen zu verstehen, geschweige denn zu respektieren, die nicht in jeder Hinsicht ihr Bestes geben wollen. Sie haben wirklich Mühe, irgendetwas anderes als den Höchststandard zu akzeptieren. Und wenn sie es versuchen, sind sie meist nicht glücklich damit.

Ein langjähriger Schüler von mir hat mir eine Geschichte erzählt, die dieses Streben nach Perfektion veranschaulicht. Er begann damit, dass er mir erklärte, ich hätte sein Leben ruiniert. Da ich viel eher gewohnt bin, dass Leute mir sagen, ich oder das Enneagramm hätte ihr Leben gerettet, wusste ich nicht, wie ich reagieren sollte.

„Und wie habe ich Ihr Leben ruiniert?“

„Also, Sie wissen vermutlich, dass ich jetzt wieder studiere, deshalb brauchten wir mehr Platz für Bücher. Wir kauften ein Regal, für das man einen Imbusschlüssel, ein paar Bauteile, Sinn für Humor und viel Geduld braucht. Der Beipackzettel enthielt eine Abbildung aller Bauteile und den Hinweis, wenn irgendetwas fehlen sollte, sollte man die Nummer unten auf der Seite anrufen. Außerdem stand da noch eine Garantie, dass die Nachlieferung innerhalb von zehn Tagen geschehen würde. Ich stellte fest, dass tatsächlich zwei Nägel, eine Schraube und eine Schraubenverblendung fehlten, und beschloss, lieber gleich nachzubestellen und die Sache ordentlich zu machen. Dann hörte ich innerlich Ihre Stimme, die auf Ihre unnachahmliche Weise sagte: ‚Wer macht denn so was?' Und aus einer momentanen Schwäche heraus gab ich nach. Ich ignorierte die andere Stimme in mir, und wider besseres Wissen baute ich das Regal ohne die fehlenden Teile zusammen."

Ich gratulierte ihm dazu, sich mit kleineren Unvollkommenheiten arrangiert zu haben. Aber es war sehr deutlich, dass er weder stolz auf seine Entscheidung noch dankbar für meinen Einfluss dabei war.

„Ich halte es nicht aus mit diesem Regal im Zimmer", klagte er. „Immer, wenn ich es sehe, denke ich an die fehlenden Teile und wie unverantwortlich und schlampig es von mir war, es so aufzustellen. Irgendwann hat es mich so fertiggemacht, dass wir es in eine Ecke des Hauses stellen mussten, wo ich es kaum zu Gesicht kriege. Aber immer, wenn ich an dieses Regal denke, bin ich enttäuscht von mir selbst."

> Probleme entstehen, wenn unterschiedliche Enneagramm-Typen versuchen, sich darüber zu einigen, was sie tun wollen.

Keine andere Nummer im Enneagramm verlangt so viel und belohnt so spärlich. Unvollkommenheit ist allgegenwärtig, und selbst wenn sich irgendwo der Anschein von Perfektion erreichen lässt, hält er nur so lange wie eine Schneeflocke in der Mittagssonne. Für die meisten Menschen ist kaum vorstellbar, wie anstrengend es ist, mit einer inneren Stimme zu leben, die uns und unsere Entscheidungen tagaus, tagein kritisiert. Aber wenn wir diese Realität im Zusammenleben mit einer Eins außer Acht lassen, dann ist die Chance sehr gering, dass diese Beziehung erfüllend ist.

Zorn. Meine Mutter pflegte im Sommer, wie die meisten anderen Frauen in der ländlichen Gemeinschaft in Texas, wo ich aufwuchs, die reiche Ernte an Obst und Gemüse zu konservieren. Sie und die Nachbarinnen verbrachten einen Tag oder mehr in der Woche damit, Mais, grüne Bohnen und Tomaten in großen, schweren Dampfkochern einzukochen, die irgendwie mysteriös erschienen. Der Druck im Kocher wurde durch ein Thermostat im Deckel reguliert, das hin und her pendelte, wenn der Druck stimmte, und pfiff, wenn er zu hoch war.

Der steigende Druck in einem Dampfkocher ist ein gutes Bild, um zu beschreiben, was in einer Eins vorgeht, wenn sie zornig wird. Manchmal explodieren Einser geradezu. Das belastet ihre Beziehungen und führt nicht selten zu schweren Selbstvorwürfen. Deshalb ist es sehr wichtig, dass Einser und die Menschen, die sie lieben, sich jede Hilfe suchen, die sie bekommen können, um mit ihrem Zorn umgehen zu lernen.

Wenn Einser eine Aufgabe erledigt haben, konzentrieren sie sich häufig eher darauf, was sie hätten besser machen können, anstatt sich zu freuen, dass die Aufgabe erledigt ist.

Erinnern wir uns: In der Eins manifestiert sich Zorn meist nicht durch Lautstärke und Wutausbrüche, sondern auf eine etwas heimtückischere Weise: als *Groll*. Eine Eins, die sich über irgendetwas ärgert, wendet das Gefühl gegen sich selbst und empfindet Scham – Scham über die eigenen Fehler und Unzulänglichkeiten und auch über die anderer. Scham bringt Bitterkeit mit sich, die sich zu einer komplexen Verbitterung auswachsen kann – und in Beziehungen zu Einsern muss man einfach um diesen Mechanismus wissen.

Jenay ist Ehefrau, Mutter von drei Söhnen im Teenageralter und Schulleiterin einer Highschool. Sie ist eine klassische Eins: organisiert, detailbewusst, engagiert in ihrer Arbeit, und als Freundin der Mensch, der Sie ohne Zögern um zwei Uhr nachts vom Flughafen abholen würde. Aber sie gibt zu, dass ihre Einsereigenschaften sie schon mehr als einmal aus der Spur geworfen haben.

„Wir waren bei Verwandten in Phoenix und hatten beschlossen, einen Tagesausflug nach Sedona zu machen", erinnert sich Jenay. „Ich hatte vor, ein paar schöne Fotos von den Jungs zu machen, die wir für unsere Weihnachtskarten verwenden könnten."

Ein paar Meilen vor dem Ziel stellte Jenay leider fest, dass die Kamera nicht im Auto war. „Zuerst wollte ich meinen Mann dafür verantwortlich machen. Aber darüber musste ich sehr schnell hinwegkommen, denn er macht *nie* Fotos – die Kamera gehört mir, und ich hatte sie schlicht und einfach vergessen." Das war in der Zeit, bevor es Smartphones gab. Jenays Mann hielt bei einem Supermarkt und kam mit einer Einwegkamera wieder heraus. „Sedona war voller malerischer Motive, und ich fotografierte sie – mit einer Einwegkamera. *Einer Einwegkamera!*"

Jenay gibt zu, dass sie auf der anschließenden Erkundungstour durch die fantastischen roten Felsen mies gelaunt gewesen ist und kaum ein Wort herausgebracht hat. Bis zum Mittag hatte sie sich etwas abgeregt, aber der Fauxpas beschäftigte sie offensichtlich immer noch. „Bis mein Mann schließlich liebevoll zu mir sagte: ‚Schatz, du musst das jetzt einfach loslassen – du kannst uns doch nicht wegen einer dummen Kamera den ganzen Tag verderben.'"

Es passiert Einsern häufig, dass sie das größere Ganze aus dem Blick verlieren, weil sie sich zwanghaft auf das konzentrieren, was fehlt oder nicht in Ordnung ist. „Da waren wir in einer fantastischen Landschaft mit zwei wunderbaren kleinen Jungs, die ganz wild darauf waren, die Gegend zu erkunden, und ich war völlig daneben", gesteht Jenay. „Ich konnte einfach nicht aufhören, mich selbst innerlich dafür zu ohrfeigen, dass ich die Kamera vergessen hatte. Seitdem habe ich besser gelernt, mich nicht mehr so von meinem Selbsthass bestimmen zu lassen; aber die Erinnerung an die vergessene Kamera ist in mir noch immer lebendiger als alles Schöne, was wir an diesem Tag erlebt haben."

Man muss wissen: Einser sind oft frustriert, aber nur selten gilt ihr Ärger dem, was sie anscheinend zornig macht. Jenay war frustriert, dass sie die Kamera vergessen hatte, aber nicht, weil sie jetzt die Erlebnisse des Tages nicht festhalten konnte, sondern weil ihre Vergesslichkeit für sie bedeutete, dass sie versagt hatte. Wenn eine Eins Zorn empfindet, verdrängt sie ihn, schluckt ihn hinunter, etikettiert ihn um, geht zur Tagesordnung über – und beherrscht ihn schließlich, indem sie irgendetwas perfektioniert, was in ihrer Macht steht, zum Beispiel sicherstellen, dass sie beim nächsten Ausflug nicht die kleinste Kleinigkeit vergisst (und Checklisten schreibt!).

Einser lieben tief und innig. Für die Menschen, die ihnen nahestehen, tun sie alles. Sie sind rücksichtsvoll, aufmerksam und unterstützend. Aber es ist schwer, einer Eins alles recht zu machen, selbst in einer Beziehung. Bleiben Sie sich bewusst, dass die Reaktionen der Eins aus dem erwachsen, wie sie die Welt sieht, und dass sie immer und überall Unvollkommenheit sieht – was nicht ihre Schuld ist. Bedenken Sie auch: Die Eins ist viel strenger mit sich selbst als mit jedem anderen. Und wenn sie feststellt, dass ihre Geduld begrenzt ist und ihre Erwartungen unrealistisch sind, kann es ihr zutiefst leidtun – vor allem in der Familie.

Abkoppelung vom Denken. Die Eins sieht das Leben vorwiegend unter den Aspekten von Verantwortung und Arbeit. Sie konzentriert sich auf das, was unmittelbar vor ihr liegt, und versucht darauf zu reagieren, indem sie tut, was immer die Situation verlangt. Ihr Perfektionismus begrenzt die Energie, die sie dann noch für die emotionalen Bedürfnisse und Erwartungen in ihren Beziehungen übrig hat.

Zum Glück gibt es dafür eine Lösung. Aber Einser reagieren nicht selten empört, wenn ich erkläre, dass sie häufig das Denken vergessen, wenn sie entscheiden, was sie tun müssen und wie sie es tun wollen. Sie glauben, sie würden ständig denken. Die Wahrheit ist: Der ununterbrochene Dialog mit diesem nervigen inneren Kritiker ist nicht dasselbe wie Denken. Wenn die Eins glaubt, sie denke nach, reagiert sie in Wahrheit häufig bloß auf die Stichworte des inneren Kritikers. Mary, Pfarrerin der Episkopalkirche, Ehefrau und Mutter von zwei Söhnen, erklärt es so: „Wir Einser leben in dem Bewusstsein, dass immer noch irgendetwas zu erledigen ist; deshalb erlauben wir uns nicht viel Entspannung. Und das hat unbeabsichtigte Auswirkungen auf unsere Beziehungen, denn es gestattet auch anderen nicht, sich zu entspannen. Wenn ich zu Hause ganz hibbelig bin, weil ich weiß, was noch alles auf meiner To-do-Liste steht, merken das alle, auch wenn ich kein Wort davon sage. Es gibt keinen Grund, warum ich all diese Dinge nicht morgen erledigen könnte. Ich muss sie nicht heute tun, aber ich denke: ‚Ich habe noch ein bisschen Zeit, ich sollte das jetzt erledigen.' Wenn ich dem Drang nachgebe, sende ich allen anderen im Haus die Botschaft: ‚Ihr dürft auch nicht entspannen. Wenn ich beschäftigt bin, solltet ihr es gefälligst auch sein. Wenn ich mich nicht ausruhe, könnt ihr das auch nicht.'"

Die Eins ist meist die Erste, die reagiert, wenn irgendwo Not am Mann ist.

Wenn die Eins ihren Aktivismus durch die bewusste Wahrnehmung von Gefühlen und gutes Urteilsvermögen ausgleichen kann, kann das viel Gutes und Gesundes in ihre Beziehungen bringen.

Die Angst, schlecht zu sein. In meinem Leben gibt es jede Menge Einser, und ich mag sie alle wirklich. Es sind charmante, interessante und gewinnende Menschen. Einser mögen ziemlich selbstsicher und souverän wirken; aber wir wissen, dass jeder Mensch vor irgendetwas Angst hat. Die Eins hat Angst, ein schlechter Mensch zu sein. Irgendwann ist sie zu der Überzeugung gelangt, dass es sie wertvoller macht, wenn sie den Erwartungen der anderen entspricht, und das könnte ihr die so sehr ersehnte Sicherheit geben. In Beziehungen geht es daher für die Eins eher darum, Leistung zu bringen, als darum, zu lieben und geliebt zu werden.

Die Tragik ist: Je mehr die Eins sich darauf konzentriert, was andere von ihr erwarten, umso mehr verliert sie den Kontakt zu ihren eigenen Wünschen und Bedürfnissen. Ist dieses Muster erst einmal etabliert, misst sie ihren eigenen Wert nur noch daran, wie gut sie den Standards entspricht, mit denen andere definieren, was gut ist. Und im Lauf der Zeit bilden dann Regeln, Standards und Richtlinien die Grenzen, die bestimmen, wie die Eins die Erfolge und Misserfolge ihres Tages bewertet. Leider berichten Einser mir oft, dass sie auch die Maßstäbe, die sie für sich selbst setzen, nicht erfüllen können. Und dass der Druck, alles, aber auch alles zu verbessern, ihnen anhaftet wie ein Schatten.

Ich empfinde großen Respekt und viel Mitgefühl für Einser. Wenn sie den Panzer aus Angst und Erwartung bis ins Erwachsenenleben hineintragen, kann es für sie sehr schwierig werden.

In einer Beziehung zu einer Eins ist Ehrlichkeit entscheidend, aber ein größeres Geschenk machen Sie der Eins, wenn Sie ihr sagen, dass sie gut ist – und es ihr so sagen, dass die Eins es hören und verstehen kann. Tun Sie das, sooft Sie können und auf jede Weise, die Sie kennen.

Stresspunkt und Trostpunkt

Wenn die Eins in gesunden Beziehungen lebt, ist sie an ihren besten Tagen entspannt, charmant und unterhaltsam. Einser sind immer gewissenhaft; alles, was ihnen wichtig ist, erledigen sie bestmöglich. Und in ihrer Bestform können Einser sich sogar eingestehen, dass man unterschiedlicher Meinung darüber sein kann, wann genau jemand einen „guten Job" gemacht hat.

Eine Eins im ungesunden Verhaltensmodus ist streitsüchtig und kompromisslos. Sie hat hohe Erwartungen, und wenn diese nicht erfüllt werden, führt das sehr bald zu Unmut. Sie ist pedantisch und unberechenbar, und alle Versuche, es ihr recht zu machen, laufen meist ins Leere. Diese Verhaltensweisen kennzeichnen die Extreme des Einsertyps, und Extreme sind nie gut. Wir haben alle unsere Mühe, wenn wir unterhalb des Durchschnittsverhaltens unseres Typs feststecken. Wenn wir also unseren Beziehungen gerecht werden wollen, müssen wir auf der Hut sein vor Verhaltensweisen, die das, was uns aus unserer Perspektive heraus wichtig ist, ins Extrem übertreiben und zu Spannungen mit den Menschen führen, die uns wichtig sind.

Wenn die Eins zu viel Stress hat, fängt sie an, Fehler moralisch zu bewerten. Verpasst jemand eine Deadline oder vergisst ein Meeting, kann die Situation eskalieren. Die Eins kommentiert das dann mit Etiketten wie „faul" oder „gleichgültig", kann sich aber bis zu „taugt nichts" oder „bringt's nicht" steigern. Derartige Zuschreibungen können eine Beziehung beschädigen oder dauerhaft beeinträchtigen. Behalten wir im Blick, dass dieses Verhalten seinen Ursprung darin hat, dass die Eins genauso auf sich selbst schimpft, wenn sie einen Fehler macht oder etwas vergisst. Aber andere Nummern im Enneagramm gehen nicht so missbräuchlich mit sich selbst um und haben daher wenig Verständnis für derartiges Verhalten.

Die automatische Reaktion der Eins unter Stress ist, sich darauf zu konzentrieren, was sie noch perfekter machen kann. Eine gute Freundin von mir pflegt zu sagen: „Wenn die Welt zum Teufel geht, putze ich mein Bad."

Zum Glück zeigt das Enneagramm uns die Möglichkeit der intuitiven Orientierung bei anderen Enneagramm-Typen, die uns viel Schmerz und Leid ersparen und zugleich helfen kann, unsere Beziehungen zu schützen. Die Eins unter Stress geht zur Vier; hier kann sie mit einer anderen Weise in Kontakt kommen, Gefühle wahrzunehmen und zum Ausdruck zu bringen. Mit der Energie der Vier kann die Eins die Vorstellung von sich fernhalten, sie sei schlecht oder faul oder blöd (dies nur ein paar der Etiketten, die die Eins für sich selbst verwendet). Stattdessen kann sie Zugang zu Gefühlen bekommen, die nicht korrigiert werden müssen. Das ist gut – der innere Kritiker redet nicht so laut über Gefühle wie über Handlungen; die Eins kann endlich einmal durchatmen. Und von da aus kann sie sich neu orientieren und auf viel gesündere Weise weitermachen.

Die Eins, die sich sicher fühlt, hat Zugang zur Energie und zum Verhalten der Sieben, und auch das erlaubt ihr, ein bisschen zu entspannen. Ihr Blick auf Arbeit und Beziehungen kann weniger wertend, dafür aber versöhnlicher und friedvoller werden. Und sie kann sich selbst erlauben, das Leben auch mal zu genießen.

Mein Vater war eine Eins und meine Mutter eine Fünf. Bis zu dem Zeitpunkt, als sie mich adoptierten, müssen sie schon hart daran gearbeitet haben, ihre Unterschiedlichkeit zu überbrücken. Sie haben einander innig geliebt. Mir kam es so vor, als ob sie das Leben ebenso oft genossen wie gearbeitet haben, und wenn sie arbeiteten, dann lag ihnen sehr viel an einem guten Ergebnis. Meine Mom sagte oft: „Wenn dein Daddy einen Fehler macht, bricht es ihm das Herz. Aber wenn er etwas richtig gut hinkriegt, ist die Welt in Ordnung."

Die Eins und die anderen

Grenzen in Beziehungen

Die Eins übertreibt es leicht mit ihrem Bemühen, alles gut zu machen – sie denkt, redet, berechnet und plant im Übermaß. Diese Tendenz, des Guten zu viel zu tun, erwächst aus ihrem ehrlichen und tiefen Wunsch, alles richtig zu machen. Einser sind wunderbar verantwortungsbewusste Menschen, aber wenn sie sich zu viel Verantwortung für sich selbst und andere aufladen, schlägt das möglicherweise um in Ärger und Groll. Deshalb ist es wirklich wichtig, dass die Eins ihrer Neigung zu übertreiben entgegenwirkt, indem sie sich die Frage stellt: „Was ist jetzt wirklich meine Aufgabe?"

Die meisten von uns sind einfach nicht so gute Beobachter wie die Eins. Die Eins nimmt sich selbst ebenso intensiv wahr wie andere Menschen und ihre Umgebung. Diese Art von Wachheit kann ein Geschenk für alle sein, aber es kann auch zu einer Begrenzung werden. Erinnern wir uns: Die Eins ist die einzige Zahl im Enneagramm, die glaubt, eine Aufgabe müsse in jedem Einzelschritt exakt ausgeführt werden. Sie muss besonders darauf achten, dass die hohen Anforderungen, die sie

Eins: In Beziehungen zu anderen Einsern erfährt die Eins Verständnis. Allerdings öffnet ständige Unzufriedenheit die Tür dazu, fast alle Aspekte einer Beziehung nur noch am Maßstab des Verbesserungsfähigen zu messen. Und es gibt ganz sicher ein paar Dinge, die gut genug sind, so wie sie sind.

Zwei: Eins und Zwei reagieren unterschiedlich auf das Leben. Die Eins ist handlungsorientiert, die Zwei beziehungsorientiert. Die Eins neigt zu der Annahme, die Zwei könne sich nicht fokussieren, während die Zwei die Eins für zu rigide hält. Aber beide müssen die Kunst kultivieren, Kompromisse zu schließen.

Drei: Mit der Drei verbindet die Eins das Bestreben, Dinge zu erledigen, und beide wollen die Besten sein. Aber die Drei erlaubt sich auch Abkürzungen, während die Eins glaubt, jeder Einzelschritt einer Aufgabe müsse exakt ausgeführt werden. Die Eins muss lernen, andere Wege zu einem gemeinsamen Ziel nicht abzuwerten.

Vier: Die Eins unterdrückt ihre emotionalen Bedürfnisse häufig. Von der Vier kann sie lernen, Gefühle bewusst wahrzunehmen, statt in ein dualistisches Denken zu verfallen. Die Vier wiederum kann von der

Fähigkeit der Eins profitieren, fokussiert zu bleiben und eine Sache bis zum Ende zu durchdenken. Beziehungen zwischen Vierern und Einsern können für beide sehr große Vorteile haben.

Fünf: In Beziehungen zu Fünfern muss die Eins die Vorstellung loslassen, Schweigen bedeute (Ab-)Wertung. Fünfer sind ausgesprochen schweigsam, aber das ist selten oder nie Ausdruck eines Urteils. Die Eins kann lernen, nicht ständig Vermutungen darüber anzustellen, was andere denken.

Sechs: Ebenso wie die Zwei und die Sechs reagiert die Eins auf das, was unmittelbar vor ihren Augen geschieht, unter anderem deshalb, weil ihre automatische Reaktion das Handeln ist. Die Eins muss sich bewusst machen, dass dies nicht die einzig mögliche und richtige Weise ist, sich in der Welt zu verhalten.

Sieben: Die Sieben braucht die Disziplin der Eins, die Eins profitiert von der Flexibilität und Spontaneität der Sieben. Wird die Beziehung bewusst gestaltet, können Eins und Sieben ein großartiges Team bilden.

Acht: Acht und Eins denken beide dualistisch, in Richtig-Falsch-Kategorien; beide glau-

an sich selbst stellt, nicht zu unrealistischen Lasten für andere werden. Die Eins muss außerdem lernen zu erkennen, wann etwas gut genug ist, und es dabei zu belassen.

Ich ermutige Einser häufig, sich bewusst an die Zeiten zu erinnern, in denen sie die Dinge zu ernst genommen haben. Wenn eine Eins zu sehr mit einer Sache beschäftigt ist, kann sie zu sich selbst und zu anderen hart werden. Und dann fällt es ihr schwer loszulassen, selbst wenn ihr klar ist, dass das jetzt nötig wäre.

Gemeinsam unterwegs

Vor ein paar Jahren besuchten wir am Ostersonntag mit unseren vier Kindern und den Enkeln den Gottesdienst in der Gemeinde, in der mein Mann Pastor ist. Aus irgendeinem Grund wollten alle meine Enkel neben mir sitzen – vielleicht, weil sie wussten, dass der Ostergottesdienst lange dauern kann und dass ich fast immer Bonbons in der Tasche habe. Es war ein heißer Tag in Dallas, und ich trug eine pastellfarbene Leinenjacke, die gegen Ende des Vormittags ziemlich zerknittert war.

Joe begann mit der Predigt, und mein Enkel Noah, damals acht, stieß mich an und fragte: „Grandma, ist dein Bügeleisen kaputt?“

„Nein, Schatz, warum?“

„Deine Jacke sieht schrecklich aus. Warum hast du sie nicht gebügelt?“

Ich liebe alle meine sieben Enkelkinder, und mein Herz ist voll Hoffnung, dass meine Arbeit mit dem Enneagramm irgendwie dazu beitragen wird, ihre Welt besser zu machen. Ich weiß nicht von allen, welcher Enneagramm-Typ sie sind. Aber ich bin ziemlich sicher, dass Noah eine Eins ist. Ich flüsterte ihm zu: „Oh. Das ist eine Leinenjacke, und Leinen knittert nun mal. Aber das weiß jeder, also ist es okay.“

Er saß ein Weilchen schweigend neben mir. Dann stieß er mich wieder an und sagte: „Grandpa ist das bestimmt sehr peinlich. Es sieht einfach nicht gut aus, Gradma.“

Immer noch flüsternd erklärte ich ihm, dass es Joe nicht peinlich war und dass Noah jetzt still sein und zuhören sollte. Ich richtete meine Aufmerksamkeit auf die Kanzel in der Hoffnung, Noah würde dasselbe tun, aber er konnte den Blick nicht von mir und meiner Knitterjacke abwenden. Schließlich stand er auf und setzte sich ans andere Ende der Bank. Ich nehme an, dass er nur so sein inneres Gleichgewicht wiederfinden konnte.

Die Lektion für Einser ist vielleicht die: Wenn das, was du siehst, nicht zum Aushalten ist, kann es helfen, den Platz zu wechseln.

Aber die Lektion für diejenigen von uns, die eine Eins lieben, lautet: Erinnern wir sie daran, freundlich mit sich selbst umzugehen – einfach, weil das *das Richtige* ist.

ben, dass sie in den meisten Fällen recht haben, beide haben die Tendenz, spontan zu reagieren, ohne eine Sache zu Ende zu denken. In positiver Hinsicht schätzt die Eins an der Acht, dass sie so frei ist; die Acht wiederum bewundert die Diszipliniertheit der Eins.

Neun: Eins und Neun haben viel gemeinsam: Beide verdrängen ihren Zorn, wenn auch aus unterschiedlichen Gründen. Beide grübeln lange über Entscheidungen. In einer solchen Beziehung braucht es die bewusste Initiative eines Partners, wenn es Zeit ist zu handeln.

Beziehungen *für* die Eins

Der Eins fällt es vielleicht schwerer als jedem anderen Enneagramm-Typen zu akzeptieren, dass es Dinge gibt, die man eben akzeptieren muss. Hier noch ein paar Dinge, die die Eins beherzigen sollte:

Was Sie können …

- Menschen in Ihrem Leben haben, die Sie „durchschauen" – andere Einser oder Menschen, die Einser verstehen.
- großzügig sein, wenn andere die Dinge anders tun, als sie Ihrer Meinung nach getan werden sollten.
- Perfektion anstreben, aber sich bewusst sein, dass sie sie nicht erreichen können. Perfektion gibt es nur für Augenblicke, dann verschiebt sich etwas und alles verändert sich.
- sich alle Mühe geben, alles besser zu machen, als Sie es vorgefunden haben. Aber das schaffen Sie nicht allein.

Aber was Sie nicht können …

- zu innerer Gelassenheit finden, wenn Sie die Latte weiter ganz oben liegen lassen.
- Ihren eigenen Wert ermessen, wenn Sie ständig auf das Geplapper des inneren Kritikers hören.
- in einer Welt leben, in der jeder sich ebenso um die Details kümmert, wie Sie es tun.
- beeinflussen, wie andere Sie sehen.

- erwarten, dass andere Typen Perfektion anstreben. Das ist nicht einfach eine Frage unterschiedlicher Präferenzen; es liegt daran, dass andere die Welt anders sehen, und daran lässt sich nichts ändern, was immer Sie sagen oder tun.

Sie müssen also akzeptieren …

- dass Ihre Art nicht die einzige ist.
- dass manches – vielleicht sehr vieles – gut genug ist, so wie es ist.
- dass Sie mal Pause machen müssen, damit Sie und andere zur Ruhe kommen.
- dass Sie gut – wirklich gut – sind, so wie Sie sind.

Beziehungen *mit* einer Eins

Die Eins hegt häufig Zweifel an ihrem eigenen Wert und ihrer Bedeutung; deshalb muss sie hören und glauben, dass sie gut und liebenswert ist und dass sie geliebt wird. Die kritische innere Stimme gehört in gewisser Weise mit in die Beziehung. Hier einige Hinweise, wie die Beziehung zu einer Eins wachsen und sich vertiefen kann:

- Die Eins äußert meist eher Kritik als Lob; sie wird vermutlich mehr darüber reden, was Sie falsch machen, als darüber, was Sie richtig machen. Helfen Sie ihr zu verstehen, dass Lob meist besser bei Ihnen ankommt.
- Bemühen Sie sich, alles zu vermeiden, was der Eins das Gefühl gibt, sie müsse Ihnen beweisen, dass sie gut ist oder es richtig macht.
- Seien Sie behutsam und sanft, wenn Sie die Eins auf einen Fehler hinweisen – wenn Sie zu direkt sind, kann es für die Eins leicht überfordernd sein.
- Geben Sie zu, wenn Sie in der Beziehung Fehler machen.
- Zeigen Sie Wertschätzung für die Gewissenhaftigkeit und die hohen Maßstäbe der Eins, ohne sich darin zu verstricken. Beides ist Ausdruck der Weltsicht der Eins, nicht Ihrer eigenen.
- Die Eins schätzt Fairness – sie arbeitet hart und erwartet das auch von Ihnen.
- Die Eins ist loyal und vertrauenswürdig – und braucht dasselbe von Ihnen.

- Wenn es Konflikte gibt, lassen Sie die Eins wissen, dass Sie das Problem gern lösen möchten. Sie muss hören, dass Sie entschlossen sind, die Sache zu bearbeiten und eine Lösung zu finden.
- Die Eins möchte, dass ihre Bemühungen gewürdigt werden. Viele Einser schätzen Kärtchen, Zettel und kleine Anerkennungszeichen und Geschenke.
- Die Eins liebt Ordnung, es ist also hilfreich, wenn Sie das im Blick auf die Räume respektieren, die Sie teilen.
- Seien Sie vorsichtig mit flapsigen Bemerkungen und Frotzeleien. Einser sind ziemlich empfindlich gegenüber der leisesten Andeutung von Kritik.
- Unterstützen Sie Urlaubspläne und Unternehmungen, bei denen Sie Arbeit und Verantwortung hinter sich lassen können. Fördern Sie Auszeiten zu Hause und helfen Sie der Eins, ihren Tag im Gespräch zu verarbeiten.
- Wenn es Streit gib, geht es häufig nicht eigentlich um Sie, sondern um die Weltsicht der Eins. In solchen Momenten können Sie nur eins tun: warten, bis sich irgendetwas verschiebt – entweder in der Eins oder in der Situation.

Die Zwei

Deine Gefühle – meine Gefühle?

Vor ein paar Jahren führte ich ein Gespräch mit Hunter. Hunter zeichnet sich durch eine ungewöhnliche Berufskombination aus: Er ist Vollzeitpastor und Teilzeitanwalt. Hunter ist eine Zwei wie ich, und unser Gespräch drehte sich bald darum, was wir am meisten daran schätzen, Zweier zu sein.

„Weißt du", sagte er, „wenn man Anwalt ist, dann hält man immer Ausschau nach dem einen Detail, das der andere einem nicht gesagt hat. Immer, wenn ein Klient mein Büro betritt, gibt es da die eine Tatsache, die fehlt und die er bestimmt nicht auf den Tisch legen wird. Man versucht also, intuitiv zu erspüren, was nicht mitgeteilt wird – man hört zu, was der andere erzählt, und versucht gleichzeitig zu erkennen, was er weglässt."

Das war vertrautes Territorium für mich, und ich fragte: „Spielt diese Fähigkeit auch eine Rolle für deine Arbeit als Pastor?"

Hunter zögerte, bevor er zugab, dass das kompliziert sei. Dass er ein Beziehungsmensch ist und darauf programmiert, anderen zu helfen, macht ihn zu einem einzigartig begabten Pastor. Einerseits. Aber andererseits können Zweier auch Abgrenzungsprobleme haben und feststellen, dass sie sich in das Leben anderer auf eine Weise einmischen, die weder für sie selbst noch für die anderen hilfreich ist.

Dann fuhr er fort: „Pastor zu sein kann ein ziemlich einsamer Job sein. Denn es mangelt an Gegenseitigkeit. Für Zweier geht es in der Beziehung immer um den anderen. Man kann nicht sagen, was man selbst denkt oder fühlt, weil das eine Irritation in der Beziehung auslösen könnte." Manchmal, so ergänzte er, fühle er sich in seiner Arbeit sehr isoliert – er sei so sehr damit befasst, anderen zu helfen, dass er sich selbst darüber verliere.

„Es ist schwer für mich zu wissen, wer ich bin, wenn ich allein bin. Ich brauche die Reaktionen von anderen, die zeigen, dass sie mich schätzen, aber ich möchte nicht darum bitten, und wenn ich Anerkennung von anderen bekommen, weiß ich oft nicht, wie ich damit umgehen soll. Der schwierigste Zeitpunkt in meiner Arbeitswoche als Pastor sind die zwanzig Minuten nach der Predigt. Dann wünsche ich mir, die Leute würden Schlange stehen und mir sagen: ‚Das war die beste Predigt, die ich je gehört habe', aber wenn das tatsächlich jemand sagt, glaube ich ihm nicht. Es ist etwas, das ich brauche, aber nicht wirklich auskosten kann. Ich brauche die Anerkennung von anderen für meine Arbeit und meine Person, aber ich kann sie nicht annehmen. Also wehre ich sie ab. Ich steuere das Gespräch so, dass es sehr schnell wieder um den anderen geht und nicht um mich."

Was ist hier los?

- Wenn Sie zuhören, was andere über sich erzählen, fragen Sie sich dann, was sie weglassen?
- Hunter ist bestimmt von dem Impuls, auf die Wünsche und Bedürfnisse anderer zu reagieren. Kommt Ihnen das bekannt vor?
- Warum glaubt Hunter, dass es ihn von anderen trennt, wenn er sagt, was er braucht oder empfindet?
- Können Sie Anerkennung annehmen? Warum oder warum nicht?

Die Zwei liest die Welt durch die Brille der Gefühle. Sie baut Kontakt zu anderen auf, indem sie deren Gefühle erspürt und entsprechend handelt. Zweier bringen so leicht Emotionen zum Ausdruck, dass man meinen könnte, diese Gefühle seien ihre eigenen, aber das ist selten der Fall. Die Zwei empfindet die Gefühle anderer; die *eigenen* Gefühle wahrzunehmen und zu benennen findet sie dagegen meist sehr schwierig. Das ist eine harte Wahrheit mit vielen Implikationen für eine Beziehung zu einer Zwei.

Die Welt der Zwei

Für die Zwei besteht die Welt aus Beziehungen. Sie tritt mit fast jedem Menschen in Kontakt, dem sie regelmäßig oder auch nur in bestimmten Abständen begegnet. Auf diese Weise erkennt die Zwei sich selbst.

Ich war vermutlich schon ungefähr fünfzig, als ich endlich anfing, mich selbst als „Suzanne Stabile" vorzustellen und nicht mit: „Ich bin Joes Frau" oder: „Ich bin die Adoptivtochter von Doc und Sue", „Ich bin Joels Mutter" oder: „Ich bin Wills Oma".

Zweier wissen nicht, wer sie sind, wenn sie diese Information nicht von jemand anderem bekommen. Eine Zwei sagt: „Selbst in einer Schweigewoche kann ich an nichts anderes denken als an meinen Mann, meine Kinder, meine Freunde und meine Kollegen. Wenn ich bete, bete ich für andere. Wenn ich lese, denke ich daran, wem das, was ich gerade lese, wohl helfen könnte. Ich bin so auf andere fokussiert, dass wenig Energie übrig bleibt, um mich selbst zu kennen. Die schwerste Frage, die mir jemand stellen kann, ist: ‚Was möchtest du?' oder: ‚Was empfindest du?'. Ich weiß tatsächlich keine Antwort. Ich mag ja – wie die meisten Zweier – auf andere wie ein Gefühlsmensch wirken, aber ich weiß sehr selten, wie ich mich selbst gerade fühle."

Stolz. Die Zwei glaubt, sie sei irgendwie verantwortlich für den Rest der Welt. Und sie ist stolz darauf, dass sie die Bedürfnisse der anderen erfüllt. Das ist die Leidenschaft der Zwei (oder ihre Wurzelsünde). Hunter sagte: „Ich kann mich erinnern, dass ich als Kind dachte, es würde mich komplett vernichten, wenn jemand mich mal nicht mögen würde. Das ist Stolz – Stolz darauf, der Beste, der Hilfsbereiteste und der am meisten Geliebte zu sein."
Don Riso und Russ Hudson definieren die Wurzelsünde der Zwei, den Stolz, als „Unfähigkeit oder Unwilligkeit, eigene Bedürfnisse oder eigenes Leid anzuerkennen, während sie sich ständig um die Bedürfnisse anderer kümmert".[6] Diese Unfähigkeit, eigene Bedürfnisse wahrzunehmen, aber sich gleichzeitig für alles und jeden verantwortlich zu fühlen, verursacht Zweiern viel Schmerz.

Dass es viel Arbeit erfordert, dieses Verhaltensmuster zu ändern, hat zwei Gründe. Grund Nr. 1: Die Zwei erlebt sich selbst meist als jemanden, der Hilfe von anderen nicht *verdient*. Grund Nr. 2 ist ein wenig komplexer: Die Zwei fürchtet, sie könne den Schmerz und die Enttäuschung nicht ertragen, die es mit sich bringt, wenn sie ein Bedürfnis oder einen Wunsch äußert und niemand darauf eingeht. Aber Beziehungen erfordern Gegenseitigkeit. Die Zwei muss also lernen, um das zu bitten, was sie möchte oder braucht, und es dann auch mit Würde anzunehmen. Lernt sie das nicht, greift sie stattdessen nicht selten zum Mittel der Manipulation. Dann mischt sich etwas Unaufrichtiges in ihre Beziehungen, das niemanden glücklich macht. „Ich wünschte, ich müsste heute Abend nicht kochen" ist etwas anderes als „Hättest du etwas dagegen, wenn wir heute Abend essen gehen? Ich bin müde und habe keine Lust zu kochen".

Die Zwei geht davon aus, dass andere Hilfe und Schutz von ihr brauchen.

Es ist offensichtlich, wie diese „Begabung" für Manipulation die Zwei dazu bringen kann, sich selbst als Märtyrer zu sehen. Und zu

Manipulation und Märtyrertum gesellt sich dann noch Zorn aufgrund von enttäuschten Erwartungen und dem Gefühl, ausgenutzt zu werden. Aber das alles müsste nicht sein. Die gereifte Zwei hat gelernt zu formulieren, was sie braucht.

Großzügigkeit macht verletzlich. Ich bin eine Zwei. Als solche habe ich viel Erfahrung damit zu geben. Und nachdem ich im Lauf der Jahre aufrichtig versucht habe, den Grund für meine Ausrichtung auf andere zu erforschen, habe ich entdeckt: Die *Gebende* zu sein verleiht mir auch eine Machtposition. Aber in der Großzügigkeit lauert auch eine Verletzlichkeit, die die Zwei oft zum überraschendsten Zeitpunkt einholt.

Wenn die Hilfsbereitschaft vielfach überstrapaziert wurde, zeigen sich erste Grenzen, und die Zwei hat Mühe, alle Verpflichtungen einzulösen, die sie anderen gegenüber eingegangen ist. Die Zwei erklärt schnell, sie könne etwas übernehmen, aber das gute Gefühl, gebraucht zu werden, verblasst, wenn die Erwartungen der anderen größer sind als der Dank, den die Zwei erhält. Wenn eine Zwei erst einmal eine Beziehung aufgebaut hat, hat sie Mühe, sich daraus wieder zurückzuziehen. Das ist ein immer wiederkehrendes Dilemma für Zweier.

Und die andere Person in der Beziehung, die eine Zeit lang mit Aufmerksamkeit der Zwei geradezu überschüttet wurde, ist normalerweise höchst irritiert, wenn die Zwei plötzlich distanziert und nicht mehr ständig verfügbar ist. Aus der Perspektive der Zwei sieht es so aus: Sie gibt, bis sie nichts mehr zu geben hat, und dann findet sie sich erschöpft in ihrem eigenen Leben wieder, aber ohne die Kraft, gut für sich selbst zu sorgen. Sie fühlt sich übersehen, ausgenutzt und müde. Wenn sie nichts mehr geben kann, hat sie Mühe zu glauben, dass sie überhaupt einen Wert besitzt.

Das Problem ist: Die Zwei versucht, mit *allen* Beziehungen zu knüpfen – mit der Bedienung im Restaurant, mit dem Klempner, allen Gemeindegliedern in der Ortsgemeinde, den Nachbarn, der Kosmetikerin ... Und darunter sind immer auch Beziehungen, die nicht angemessen oder gesund oder gegenseitig sind. Wenn die Zwei anfängt, davon zu reden, dass sie sich ausgelaugt, müde und frustriert fühlt, ist das in der Regel ihre Weise, um Hilfe zu bitten.

Abkoppelung von produktivem Denken. Die Zwei erspürt die Gefühle anderer und reagiert darauf. Sie denkt nicht darüber nach, was sie selbst erlebt. Dass sie Beziehungen und Situationen nicht konstruktiv durchdenkt, wird deshalb oft erst dann sichtbar, wenn die Zwei einmal total ausgebremst wird. Das Zusammenspiel von Fühlen und Handeln hat für die Zwei einen so angenehmen Rhythmus, dass sie gar nicht merkt, welchen Preis sie für das Übermaß an Tun und Geben und den Mangel an Reflexion zahlt. Ein Zustand großer Angst und Erschöpfung ist bei einer Zwei normalerweise ein Anzeichen dafür, dass sie eine Pause braucht. Sie muss alle Beziehungen, in denen sie steckt, darauf überprüfen, was wirklich ihre Sache ist, alles andere anderen überlassen und darüber nachdenken, wie es weitergehen soll. Und all das anstelle ihrer automatischen Verhaltensweise, emotional zu reagieren: sich mit allen Wünschen anderer zu identifizieren und ihnen gerecht zu werden.

Vor ein paar Jahren habe ich zusammen mit Richard Rohr einen Kurs über das Enneagramm in Assisi gehalten. Alles lief gut, aber schon sehr bald fiel mir in den mittleren Reihen ein Mann mit einer ziemlich griesgrämigen Miene auf. Immer, wenn ich ihn ansah – und das konnte ich einfach nicht vermeiden –, starrte er düster vor sich hin. Das passiert mir nicht häufig in meinen Kursen; es beschäftigte mich und ich fragte mich, was ihm wohl missfiel. Alle anderen Kursteilnehmer wirkten engagiert und schienen meine Präsentation aufmerksam zu verfolgen, sodass ich den

Schluss zog, vermutlich könne der Mann kein Englisch. Im Lauf der Zeit tat er mir dann leid – er saß mitten in der Reihe, konnte nicht weg und verstand kein Wort von dem, was ich sagte.

In der Pause sprach ich ihn an. Und wie man es macht, wenn man annimmt, jemand spreche die eigene Sprache nicht, sprach ich sehr laut und betont langsam. Die Hände wie ein Megafon vor meinem Mund, sagte ich: „Es gibt eine Übersetzung. In Deutsch und Französisch."

Er sah mich an und sagte: „Ich spreche Englisch."

Ich war höchst überrascht. „Warum reagieren Sie dann so gar nicht auf das, was ich sage? Sie lächeln nicht, Sie nicken nicht, Sie sehen noch nicht mal weg."

Platt sagte er: „Ich mag Sie nicht, und was Sie sagen, gefällt mir auch nicht."

Ich, typisch Zwei, fragte: „Warum?"

Und mit immer noch ausdrucksloser Miene und Tonfall, ohne jede Gefühlsnuance, antwortete er: „Es gibt nichts an Ihnen, das mir gefällt."

Die schroffe Antwort ließ mich einen Schritt zurückweichen – und dabei stieß ich direkt mit Pater Richard Rohr zusammen. Er hatte unseren Wortwechsel anscheinend mitbekommen und sagte mitfühlend: „Suzanne, Sie wollen immer noch jeden Einzelnen für sich gewinnen." Dann drehte er seine Handflächen nach oben. „Sie haben zweihundert Leute in der Hand. Warum ignorieren Sie die und konzentrieren sich auf diesen einen?"

Natürlich hatte Richard Rohr recht. Ich war blind – geblendet von meinem Gefühl, dass ein einziger Mensch mich ablehnte, ohne wahrzunehmen, dass ein ganzer Saal voller Menschen interessiert zugehört hatte. Ich hatte meine ganze Kraft auf diesen einen Unzufriedenen verschwendet. Das ist typisch für die Zwei. Sie kann bestehende Beziehungen aufs Spiel setzen, weil sie die eine Beziehung aufzubauen versucht, die sie *nicht* hat.

Die Zwei hat ein angeborenes Gefühl der Einsamkeit. Deshalb vermeidet sie gern persönliche Fragen wie: „Wo gehöre ich hin?“, „Bin ich es wert, zu irgendjemandem zu gehören?“, „Wird jemand für mich da sein, wenn ich es wirklich brauche?“. Wenn Fragen wie diese auftauchen, überspielt die Zwei das sich ankündigende Gefühl von Einsamkeit damit, dass sie sich umso mehr um andere kümmert. Leider setzt sie damit voraus, dass alle anderen immer bedürftig sind.

Was mich betrifft: Ich horte Beziehungen und Gefälligkeiten. Allerdings meist unbewusst. Im letzten Jahr habe ich mir erlaubt, mich zu fragen: „Was steht mir zur Verfügung, ohne dass ich mein Emotionskonto anzapfen muss?“ Das Ergebnis hat mich überrascht. Mein sonstiges Konto ist gut gefüllt.

Was der Zwei schwerfällt, ist, wirklich zu glauben, wenn jemand sagt: „Ich gehe nicht weg“ oder: „Du kannst dich auf mich verlassen, wenn du mich brauchst“. Ich habe auf so etwas immer damit reagiert, dass ich dachte: *Okay … vielleicht. Vielleicht bist du ja wirklich für mich da.* Aber im tiefsten Herzen hegte ich Zweifel – Zweifel, dass ich es wert sei, dass jemand etwas für mich tut. Aber inzwischen kann ich wirklich sagen: Ich bin viel weniger allein, als ich befürchtet hatte.

Zweier haben vermutlich zahlreichere und tiefere Beziehungen als alle anderen Enneagramm-Typen. Aber das bedeutet nicht, dass es sie glücklich macht. Ich verstehe allmählich: Wenn ich keine Anerkennung annehmen kann, liegt es daran, dass Anerkennung nicht das ist, was ich eigentlich will. Was ich will, ist Zugehörigkeit. Und der nächste Schritt ist der zu glauben, dass ich dem Zugehörigkeitsgefühl trauen kann, das in mir ist.

Zweier müssen ihr Glück in sich selbst finden, statt zu erwarten, dass es von außen auf sie zukommt. Die Zwei ist wirklich gut darin, anderen einen Ort der Zugehörigkeit anzubieten. Aber für sich selbst kann sie das nicht. Gesunde Beziehungen setzen voraus, dass man ein starkes Selbstgefühl hat, wenn man allein ist. Wenn die Zwei sich die Frage stellt: „Wer bin ich, wenn ich allein bin?“, wird sie überrascht sein, was sie entdeckt. Ja, die Zwei sorgt dafür, dass alle ihren Platz am Tisch bekommen, aber sie muss auch dafür sorgen, dass sie selbst einen Platz bekommt.

Die Zwei und die anderen

Stresspunkt und Trostpunkt

Zweier im gesunden Verhaltensmodus sind großzügig, entspannt und fürsorglich. Sie machen es anderen leicht, sich wohlzufühlen, bemerken, wenn sich jemand ausgeschlossen oder an den Rand gedrängt fühlt, und finden in der Regel einen Weg, anderen da zu begegnen, wo sie sind. Sie akzeptieren, was ist, und sind selten Vertreter eines Insider/Outsider-Denkens oder -Verhaltens.

Die Zwei im ungesunden Verhaltensmodus ist kontrollierend, besitzergreifend und unsicher. Eifersucht wird zum Problem, wenn sie fürchten muss, die Aufmerksamkeit oder Zuneigung eines Menschen zu verlieren, den sie liebt. Eine meiner Studentinnen, eine Zwei, sagt: „Wenn ich einem ungesunden

Eins: Für die Zwei ist die Beziehung immer wichtiger als Strategien. Das führt zu manchen Konflikten mit der Eins. Aber die Zwei mit einem Einserflügel kann dahin kommen, Ordnung zu respektieren. Mit diesem Stückchen gemeinsamem Boden ist ein Anfang gemacht.

Zwei: In der Beziehung zu einer Zwei ist es für die Zwei schwer zu wissen, wer führt, wann und wie. Die Zwei ist auf andere programmiert; sie kann daher ihren Fokus auch auf Menschen außerhalb der Beziehung legen, die ihre Hilfe und Unterstützung brauchen.

Drei: Ebenso wie die Zwei ist die Drei sich sehr bewusst, was für ein Bild sie abgibt; daher kann ihr Eindruck davon, wie andere sie sehen, ihre Entscheidungen beeinflussen. Aber die Zwei möchte gebraucht werden. Und die Drei möchte als die Person geliebt werden, die sie ist, und nicht nur für das, was sie tut. Wenn diese Bedürfnisse geäußert werden, kann das irreführend sein. Also gilt für diese Beziehung: Freuen Sie sich über die Kameradschaft, aber respektieren Sie die Unterschiede.

Vier und Acht: Mit diesen beiden Enneagramm-Typen tut die Zwei sich leicht, auch wenn sie sich vielleicht in ihrer Gesellschaft ein wenig unwohl fühlt.

Die Vier und die Acht sind authentisch, und das ist genau das, was die Zwei braucht.

Fünf: Beziehungen zu Fünfern sind schwierig für die Zwei, denn die Fünf behält gern für sich, was sie denkt und plant. Die Zwei muss Geduld haben und warten, bis die Fünf bereit ist, sich mitzuteilen.

Sechs: Die phobische Sechs fürchtet sich vor allem Konkreten. Und die Zwei ist gewöhnlich sehr besorgt um ihre Beziehungen und erfindet Dinge, die nicht passieren. Die kontraphobische Sechs ist ängstlich und mutig zugleich, was für die Zwei schwer zu verstehen ist. Die Zwei kann ängstlich sein oder mutig, aber nicht beides zur gleichen Zeit. Die Sechs lehrt und lernt, indem sie Fragen stellt. Sie wird sich also respektiert fühlen, wenn die Zwei ihre Fragen geduldig und bereitwillig beantwortet.

Sieben: Es ist normal, dass die Zwei sich in Gesellschaft der Sieben ein bisschen unsicher fühlt. Die Sieben kann den Anschein erwecken, als nehme sie die Zwei und ihre Bedürfnisse überhaupt nicht wahr, während sie sich jeden Tag um jede Menge andere Dinge kümmert. Die Zwei muss üben zu formulieren, was sie will und braucht – das wird beiden guttun.

Verhaltensmuster folge, bin ich entweder zu sehr oder zu wenig beteiligt – dann bin ich entweder übergriffig und rechthaberisch, oder ich lasse andere links liegen. Ich glaube, das liegt daran, dass ich manchmal nicht weiß, wie ich anderen gesund und auf Augenhöhe begegnen kann.“

Wenn die Zwei sich isoliert fühlt, sorgt sie für einen Kontext, in dem sie gebraucht wird. Wenn Sie in einer Beziehung mit einer Zwei leben: Es ist ein Anzeichen für zu viel Stress, wenn die Zwei über ihre Gesundheit zu klagen beginnt. Die unterdrückten Gefühle können zu körperlichen Symptomen und Selbstmitleid führen, das andere ebenfalls herunterzieht. Was man wissen muss: Eine gekränkte Zwei kann einen Stimmungsumschwung einer ganzen Gruppe bewirken, ohne dass sie ein einziges Wort sagt. Ich vermute, diese Tatsache hat den Spruch hervorgebracht, den man oft auf Kühlschrankmagneten findet: „Wenn Mama nicht glücklich ist, ist keiner glücklich.“

Die Zwei unter Stress geht zur Acht: Hier gewinnt sie mehr Selbstvertrauen und kümmert sich weniger darum, was andere denken. Sie entdeckt, dass sie auch Nein sagen kann, wenn sie meint, etwas sei nicht ihre Sache. Und sie hat

Neun: Neun und Zwei sind sich sehr ähnlich. Sie sind auf andere bezogen, und sie mögen keine Konflikte. Aber die Neun ist auch schwerfällig im Blick auf Handeln, die Zwei muss also mit dem scheinbaren Mangel an Energie Geduld haben. Die Zwei dagegen hat jede Menge Energie für alles, was mit anderen Menschen zu tun hat; sie muss daher respektieren, dass die Neun anders ist.

mehr Geduld für Entwicklungen und persönliche Unterschiede. Die Zwei, die sich sicher fühlt, hat Zugang zu einigen Bewusstseinszuständen und Verhaltensweisen der Vier. Sie kann dann die eigenen Gefühle akzeptieren. Vielleicht kann sie sich sogar eingestehen, dass sie in Wirklichkeit auch nicht *jeden* liebt. An diesem sicheren Ort kann sie einen Selbstwert entdecken, der nicht darauf beruht, für andere da zu sein, und sie kann sich sogar manchmal auf die eigene innere Welt konzentrieren. Und das ist ein guter und notwendiger Schritt in Richtung bessere Selbstfürsorge.

Grenzen in Beziehungen

Die Zwei hat ein so starkes Bedürfnis nach Kontakt, dass sie leicht zu persönlich wird und andere damit überfordert.

Die vielleicht gravierendste Grenze der Zwei im Blick auf Beziehungen ist, dass sie zu viele Beziehungen hat. Das verursacht eine Menge Probleme: Sie hat weder die Zeit noch die Energie, um sich um alle Menschen zu kümmern, die in ihrem Leben eine Rolle spielen, und schließlich entschuldigt sie sich ständig für Situationen, für die sie nichts kann. Ironischerweise bekommen die Menschen, die die Zwei am meisten liebt, dann nur noch ab, was übrig bleibt – die Zwei verlässt sich darauf, dass ihre engsten Beziehungen immer bestehen werden, und sie spart gerade hier mit Zeit und Aufmerksamkeit. Die Zwei gibt zu viel nach außen, und wenn sie sich dann dem eigenen Innenleben widmet, fühlt sie sich müde, leer und nicht wahrgenommen. Und das lässt ihr wenig Zeit und Energie übrig, um gut für sich selbst zu sorgen.

Die Zwei geht davon aus, dass sie an jedem Problem schuld ist, das in der Beziehung auftritt. Sie tut sich sehr schwer damit, Beziehungen zu beenden, und tappt häufig in die Falle zu glauben, wenn sie sich nur genügend einsetzt, kann sie für beide Seiten geradestehen. Aber das kann sie nicht. Manchmal ist es gesund, eine Beziehung zu beenden. Die Zwei muss akzeptieren, dass sich das nicht gut anfühlt, selbst wenn es offensichtlich nötig ist.

> Man kann nicht gut für sich selbst sorgen, wenn man seinen Stresspunkt nicht kennt.

Gemeinsam unterwegs

Als der Autor Andy Andrews starb, erhielt sein Sohn Briefe und Karten aus aller Welt, auf denen Menschen ihre Erinnerungen und Erfahrungen mit Andy beschrieben. Eine Frau erzählte von einer Begebenheit, die dreißig Jahre zurücklag – sie war mit ihrem Mann bei Andy in North Carolina zu Besuch gewesen.

„Nach dem Frühstück fragte Ihr Vater, ob ich seine Heidelbeeren im Garten anschauen wollte. Es war ein sehr warmer Sommermorgen, und auf dem Weg zum Garten kamen wir an einem idyllischen Wasserfall vorbei. Andy sagte, ich solle ihn mir ruhig genau ansehen. Das Wasser floss die Steine herunter, fiel dann in eine Vertiefung in einem größeren Felsbrocken, wo es einen kleinen Teich bildete und von da in einen größeren Teich am Boden strömte.

Am Rand des kleineren Teichs saßen Honigbienen aus dem Bienenstock Ihres Vaters und tranken. Ihr Vater sagte zu mir: ‚Wussten Sie, dass man Bienen streicheln kann, wenn sie trinken? Und die Chance, dass sie nicht stechen, ist wirklich groß.‘ Ich dachte, er wollte mich auf den Arm nehmen, aber dann beugte er sich herunter und strich den Bienen über den pelzigen Rücken. Sie tranken einfach weiter.

Als ich am Abend nach Hause fuhr, fragte ich meinen Mann: ‚Was muss das für ein Mensch sein, der Bienen streichelt?'
Viele Jahre hatte ich darauf keine Antwort. Aber inzwischen besitze ich etwas Land, und ich habe auch einen Bienenstock. Als ich hörte, dass Ihr Vater verstorben ist, war die Antwort auf meine Frage klar: Ein Mann, der Bienen streichelt, ist ein Mensch, der glaubt, dass die Möglichkeit, Kontakt aufzunehmen, das Risiko wert ist, gestochen zu werden."

Diese Möglichkeit ist die Hauptmotivation der Zwei. Und deshalb ist es für sie eine lebenslange Herausforderung zu akzeptieren, dass nicht aus jedem Kontakt eine Beziehung werden muss oder sollte.

Beziehungen *für* die Zwei

Wir leben in einer Überflusskultur, die besessen ist von der Illusion, wir könnten alles bestimmen. Wir denken, mit ein bisschen Einsatz könnten wir die Dinge so gestalten, wie wir sie haben wollen. Aber die Zwei muss lernen, dass auch andere freie Entscheidungen treffen dürfen – und dass sie dann die Konsequenzen entweder erleidet oder genießt.

Hier noch ein paar Dinge, die die Zwei beherzigen sollte:

Was Sie können …

- akzeptieren, dass gesunde Beziehungen auf Gegenseitigkeit beruhen und dass beides einen Wert hat: Empfangen und Geben.
- lernen, die eigenen Bedürfnisse von innen zu befriedigen, nicht von außen.
- lernen, weniger Beziehungen zu haben, diese dafür aber intensiver zu pflegen und zu genießen.

Was Sie nicht können …

- erwarten, dass andere erspüren, was Sie wollen oder brauchen, wenn Sie es nicht sagen.
- gute Beziehungen zu mehr Menschen haben, als in Ihrem Leben Platz haben. Jedes Ja, das Sie in einer Beziehung sagen, erfordert ein Nein in einer anderen.

- inneren Frieden erleben, solange Sie nicht glauben, dass Sie selbst Ihre eigenen Gefühle und viele Ihrer Bedürfnisse wahrnehmen und erfüllen können. Das gefährdet Ihre Beziehungen nicht. Es wird sie verbessern.

- die Erfüllung in Ihren Beziehungen finden, die Sie sich wünschen, solange Sie nicht lernen, auch zufrieden zu sein, wenn Sie das eine oder andere nur für sich tun.

Sie müssen also akzeptieren …

- dass andere Ihre Wünsche und Erwartungen auf ihre eigene Weise erfüllen – vielleicht nicht genau so, wie Sie es sich vorstellen, aber ebenso gut.

- dass Sie geliebt werden.

- dass Sie es wert sind, geliebt zu werden, und dass andere Sie brauchen.

Beziehungen *mit* einer Zwei

Die Zwei hat einen siebten Sinn dafür, was andere von ihr erwarten oder brauchen. Umgekehrt hat sie meist kein Gespür dafür, was sie selbst von anderen braucht oder sich wünscht. Ein Schlüssel in Beziehungen mit einer Zwei ist es, der Zwei zu helfen, diese Diskrepanz zu überbrücken. Hier noch ein paar andere Dinge, die Sie im Blick behalten sollten:

- Für die Zwei ist es beängstigend, wenn sie spürt, was sie wirklich fühlt. Sie weiß nicht viel darüber, wie sie im eigenen Interesse handeln kann.
- Finden Sie Wege, die Zwei dazu zu bringen, ehrlich mitzuteilen, was sie empfindet.
- Die Zwei verarbeitet Erfahrungen hauptsächlich über Worte. Sie durchdenkt die Dinge nicht, sie verarbeitet sie, indem sie darüber redet. Wenn Sie das im Blick behalten, können Sie viele Missverständnisse vermeiden.
- Glauben Sie nicht gleich, dass es stimmt, wenn die Zwei sagt, alles sei gut oder in Ordnung. Haken Sie noch einmal nach.
- Die Zwei wünscht sich ehrliches Feedback, aber sie nimmt alles persönlich. Wenn Sie also sagen: „Dieses Rezept schmeckt mir nicht", hört die Zwei: „Ich lehne dich ab." Sie müssen die Zwei aber nicht daran erinnern, dass das nicht persönlich gemeint ist; sie weiß es und setzt alles daran, aus diesem Reaktionsmuster auszusteigen.

- In einer engen Beziehung muss die Zwei immer wieder hören: „Ich bin für dich da, ich bleibe auch für dich da. Du musst nichts tun, du musst nichts sein, und es gibt nichts, wobei du mir helfen musst. Ich liebe dich – weil du du bist."

- Die Zwei braucht einen Partner, der seine Zuneigung offen zeigt. Das gibt ihr Sicherheit.

- Die Zwei braucht einen Partner, der auch gern mit ihren Freunden zusammen ist und sich für sie interessiert.

- Die Zwei gibt sich gern damit zufrieden, in der zweiten Reihe zu stehen. Aber Sie sollten doch bemüht sein, sie um ihre Beteiligung zu bitten.

- Beweisen Sie Geduld, wenn die Zwei wieder einmal allzu sehr mit Beziehungen zu anderen beschäftigt ist. Wenn Sie diesbezüglich Unmut äußern, wird das die Zwei stark verunsichern.

- Verärgerung oder unverhältnismäßige emotionale Reaktionen sind in der Regel ein Zeichen dafür, dass bestimmte Bedürfnisse nicht erfüllt wurden.

Die Drei

Ich bin alles, nur nicht ich selbst

Mein Kollege Jake starb überraschend im Alter von nur vierzig Jahren. Als ich zum Trauergottesdienst eintraf, war die Kirche überfüllt. Ich fand irgendwo noch einen Platz neben Leuten, die ich zwar schon einmal irgendwo getroffen hatte, aber nicht gut kannte. Ich setzte mich gerade, als vorn eine Frau ans Pult trat und über ihre Beziehung zu dem Mann sprach, dessen Leben wir heute gedenken wollten. Je länger sie sprach, umso mehr fragte ich mich, ob ich auf der richtigen Beerdigung war – ich sah sogar kurz im Gottesdienstzettel nach, um sicher zu sein –, denn an der Person, die sie in ihrer Ansprache beschrieb, kam mir nichts bekannt vor.

Der nächste Redner erzählte ein paar Episoden aus seiner Beziehung zu Jake und wie sehr er seine sanfte Wesensart (von der ich nie etwas bemerkt hatte) und seine Hilfsbereitschaft zu jeder gelegenen oder ungelegenen Zeit (die ich ebenfalls nie erlebt hatte) vermissen würde. Zwei weitere Ansprachen folgten, und auch diese beschrieben einen Menschen, den ich nicht kannte. Nicht nur bei der Beerdigung, sondern auch später habe ich mich noch oft gefragt, wie es nur möglich sein konnte, dass Jake irgendwie all diese verschiedenen Personen gewesen war, die die Gedenkreden an diesem Tag beschrieben hatten.

Das Enneagramm in seiner Weisheit hat eine einfache Antwort.

Was ist hier los?

- Wie kann es sein, dass ein und dieselbe Person von anderen so völlig unterschiedlich wahrgenommen wird?
- Haben Sie schon mal etwas Ähnliches erlebt – zum Beispiel ein Gespräch, in dem Sie eine andere Position vertreten haben als Ihr Gesprächspartner?
- Würden die Menschen, die an Ihrer Beerdigung teilnehmen, etwas Ähnliches erleben wie ich bei der von Jake?

Wenn wir uns diese Begebenheit durch die Brille des Enneagramms ansehen, dann erinnert sie uns ein weiteres Mal daran, wie einmalig wir sind – als Persönlichkeitstypen und als Menschen. Die Drei hat die Gabe und die Last, sich jedem Typ, jeder Person oder Gruppe anzupassen. Sie bemüht sich sehr, so zu sein, wie man es ihrer Meinung nach von ihr erwartet. Allerdings kann sie immer nur eine Rolle zur selben Zeit spielen. Darunter leiden eher lockere Beziehungen, wenn die Drei mit mehreren Menschen aus unterschiedlichen Bereichen ihres Lebens zusammen ist. Persönliche Beziehungen kranken daran, dass die Drei anderen keinen Zugang zu ihrem eigentlichen Wesen gestattet, das hinter all dem existiert, was sie nach außen darstellt und tut. Und am gravierendsten sind die Auswirkungen auf tiefe, intime Beziehungen. Selbst die Menschen, zu denen die Drei die engsten und vertrautesten Beziehungen hat, erfahren vielleicht nie, wer sie wirklich ist. Die Folge ist, dass die Drei glaubt, sie werde für das geliebt, was sie leistet, und nicht für das, was sie ist – und irgendwie wird das natürlich auch zu einer selbsterfüllenden Prophetie.

Die Welt der Drei

Zusammen mit der Zwei und der Vier gehört die Drei in die Gefühlstriade. Dennoch ersetzt sie rasch ihre starken Gefühle durch Handeln und Denken. Dreier haben manchmal Mühe, die Gefühle anderer zu erkennen, aber noch schwerer fällt es ihnen, ihre eigenen Gefühle wahrzunehmen. Manchmal wissen Dreier sogar, was sie empfinden, aber sie wollen sich nicht damit beschäftigen.

Um die Dinge noch komplizierter zu machen, fällt es der Drei schwer, ihre persönlichen Gefühle von den Gefühlen zu unterscheiden, die an eine bestimmte Position oder Rolle gebunden sind. Aktivität ist eine Form von Kontrolle, und so hat die Drei meist schon sehr früh beschlossen, ihre Umgebung zu kontrollieren, indem sie etwas tut. Dreier schaffen an einem Tag mehr als irgendein anderer Enneagramm-Typ, vielleicht mit Ausnahme der Acht.

Die drei ist sympathisch, aber selten *persönlich zugänglich,* nicht einmal für die Menschen, die ihr am nächsten stehen. Weil sie Gefühle eher unterdrückt und weil sie sich zugehörig fühlen will, präsentiert sie oft den Anschein von Gefühlen, die sie gar nicht empfindet.

Ein Collegeprofessor, eine Drei, gibt zu, dass vieles, was er tut, darauf abzielt, den äußeren Schein zu wahren: „Ich möchte als kompetent und leistungsfähig gesehen werden, ich möchte, dass andere merken, dass ich erfolgreich bin." Leider werden dann die Gefühle in diesen Impuls verpackt, das eigene Image zu formen: „Was ich sagen will: Ich funktioniere auch im Blick auf Gefühle so, dass ich das zeige, was diesem Zweck dient. Ich will nicht absichtlich etwas vortäuschen oder unecht sein – es passiert einfach."

Aber Kontrolle ist eine Illusion, und das gilt in Beziehungen ganz besonders. Weil sie so auf das Tun fokussiert sind, vernachlässigen Dreier das *Sein* und leider oft auch die wichtigsten

Bestandteile in Beziehungen: da sein, die sein, die sie wirklich sind, mit anderen zusammen sein, verfügbar sein.

Die Drei ist verliebt in die Zukunft und ihre Möglichkeiten: mehr Erfolg, mehr Leistung, mehr Bestätigung. Sie hat ein selbst auferlegtes und sich ständig wandelndes Bedürfnis, bei jeder Begegnung, jedem Ereignis, jeder Situation das passendste Bild von sich zu kreieren. Aus diesem Grund ist das, was im gegenwärtigen Moment passiert, für die Drei eher eine Ablenkung, und sie sieht auch wenig Sinn darin zurückzuschauen. Die Drei in Höchstform kann sich in alles verwandeln, was die Situation erfordert. Aber das gilt auch für die Drei in Tiefstform.

Ich hatte einmal drei Tage mit einem Enneagramm-Kurs gearbeitet und über Ausgewogenheit gesprochen. Unter anderem ging es darum, in unserem Leben eine gute Balance im Blick auf Vergangenheit, Zukunft und Gegenwart zu finden. Am Samstagmorgen berichtete Amy, eine junge Frau und eine Vier, wie wichtig es für sie ist zurückzublicken, auch wenn das schmerzvoll ist. Larry, eine Eins, erwiderte: „Ich bin schon froh, wenn ich mit dem klarkomme, was gerade jetzt passiert." Nach und nach erzählten die Teilnehmer von ihren Kämpfen mit der Zeit. Eine ältere Dame, eine ausgeprägte Drei, sagte irritiert. „Ich kann kaum begreifen, was ihr alle sagt. In meiner Welt ist schon Montag."

Dreier können sich meist gut persönlich abgrenzen, aber in anderer Hinsicht lassen sie keine Grenzen gelten – weder für sich selbst noch für andere. Sie haben eine anscheinend unendliche Energie; sie sind aber oft erschöpft, weil sie nicht wissen, wann sie Schluss machen müssen. Vielleicht nehmen sie deshalb so gern Abkürzungen, auch in Beziehungen. Denn manchmal wird es ihnen wichtiger, etwas fertig zu kriegen, als es gut zu machen. Dieser Ansatz funktioniert zwar in Beziehungen zu anderen Dreiern, aber mit anderen Typen führt er zu Problemen: mit Einsern, denen Perfektion wichtig ist; mit Zweiern, denen es um die

Beziehung geht, und mit Sechsern, die Mühe haben damit, dass die Drei so wenig vorausdenkt.

Die meisten Dreier sind gern der Star. Sie glauben, wenn man nicht gewinnen kann, sollte man gar nicht erst am Rennen teilnehmen. Wenn man nicht führen kann, sollte man auch nicht folgen. Wenn man die richtige Antwort nicht weiß, sollte man den Mund halten. Und wenn man keinen guten Eindruck machen kann, macht man besser gar keinen.

Unsere Enkeltochter Elle, die ziemlich sicher eine Drei ist, musste in der ersten Klasse eine schmerzhafte Erfahrung machen. Kurz vor den Weihnachtsferien las die Schulbibliothekarin den Kindern eine Geschichte vor. In der Geschichte kam der Weihnachtsmann vor, und es war klar, dass er eine fiktive Figur ist. Elle wartete, bis die Geschichte zu Ende war, dann stand sie auf und verteidigte die Existenz des Weihnachtsmannes. Sie verkündete, niemand müsse sich sorgen, denn in der Geschichte sei es nicht um den *echten* Weihnachtsmann gegangen. Die anderen Kinder kicherten und zogen sie noch lange damit auf, dass sie an den Weihnachtsmann glaubte.

Elle erzählte ihrem Vater schluchzend, was passiert war. Er sagte, wie leid es ihm täte, dass sie in der Schule erfahren hätte, wie es mit dem Weihnachtsmann bestellt ist. „Ich weiß, es ist schwer, nicht mehr an den Weihnachtsmann zu glauben. Aber es kommt schon in Ordnung. Mama und ich, wir werden immer noch gute Weihnachtsmänner für dich sein."

Elle gab zurück: „Ich weine doch nicht, weil es den Weihnachtsmann nicht gibt. Ich weine, weil ich mir so dumm vorkomme, dass ich überhaupt an ihn geglaubt habe!"

Eins: Drei und Eins wollen, dass die Dinge erledigt werden; aber die Drei nimmt dabei gern Abkürzungen, während die Eins jeden Einzelschritt genau ausführt. Hilfreich ist es, wenn die Drei Geduld beweisen kann, während die Eins jeden Schritt überprüft, und sich womöglich noch auf ein kurzes Gespräch darüber einlassen kann, was man gemeinsam erreicht hat.

Zwei: Dreier können in Beziehungen mit Zweiern persönlich oder beruflich sehr effektiv sein, denn die Zwei konzentriert sich auf Beziehungen und die Drei auf Aufgaben. Wenn man sich gegenseitig respektiert, ergänzen sich diese Begabungen. Die Herausforderung für die Drei liegt darin, genug Geduld aufzubringen, wenn die Zwei ihr Erleben wortreich und emotional verarbeitet.

Drei: In Beziehungen zwischen zwei Dreiern scheint alles möglich. Ist es aber nicht. Dann ist es ein Geschenk, wenn sich einer der Partner entschließt, die Stimme der Vorsicht einzubringen.

Vier: In der Beziehung zu einer Vier fungieren Gefühle als Trigger. Die Vier legt zu viel Wert auf Gefühle, die Drei zu wenig. Diese Beziehung wird knifflig bleiben, wenn die Drei ihren Viererflügel nicht entwickelt.

Die Drei und die anderen

Dreier können es nicht ertragen, wenn sie sich uninformiert oder irgendwie ungenügend fühlen – eine Folge ihrer Neigung zum Vergleichen und ihrem Hang zu konkurrieren. Vergleichen ist sozusagen die angeborene Sichtweise der Drei. Jede kleine Information, die sie aufnimmt, wird sofort in eine der folgenden Kategorien einsortiert: „Ist so“ oder „Könnte sein“. Wenn ich Dreier bitte, etwas zu erzählen, das das Beste an ihrem Typ illustriert, stoße ich häufig auf Zögern. Meist erklären sie sich erst dazu bereit, wenn sie die Geschichten von anderen gehört haben und ermessen können, ob ihre eigene mithalten kann.

Die meisten Dreier leben immer im Konkurrenzmodus. Aber anders als die Acht, die aus Konkurrenz Energie zieht, geht es für die Drei darum zu gewinnen. Wenn man bedenkt, in wie vielen Konkurrenzsituationen wir ohnehin jeden Tag stehen, kann man sich vorstellen, unter welchem Druck die Drei lebt. Dreier, die mit dem Enneagramm arbeiten, öffnen sich oft für die Tatsache, dass sie zwar häufig aus der Motivation heraus handeln, ihr Bestes zu einer Sache beizutragen, aber dann doch *die Besten sein* wollen. Sie lernen die nötigen Lektionen, wenn sie das Risiko eingehen mitzumachen, auch wenn ihr Beitrag dann vielleicht nicht der beste ist.

Das Bedürfnis, ein Scheitern umzudeuten. Wenn die Drei scheitert, deutet sie die Erfahrung sehr schnell um, sodass sie zu einem Teilsieg wird. Und wenn das nicht funktioniert, distanziert sie sich von dem, was nicht gelungen ist, und sucht die Ursache des Problems in Faktoren, auf die sie keinen Einfluss hat.

Eine Flugbegleiterin hat mir mal erzählt, wie sie auf ihrem ersten Flug die Drinks serviert hat. Sie war noch in der Ausbildung und ging davon aus, dass die Bloody Marys und Margaritas, die sie aus Dosen servierte, bereits Alkohol enthielten. Etliche Passagiere meldeten zurück, sie fänden ihren Drink doch recht schwach, und bestellten einen zweiten. Sie servierte ihn. Einer der Fluggäste blieb hartnäckig: Sein Drink sei ganz sicher alkoholfrei gewesen. Aber sie überzeugte ihn, dass vielleicht eine andere Sorte Wodka verwendet worden sei und der Drink deshalb anders geschmeckt habe. Jemand anders wollte einen doppelten

Fünf: Drei und Fünf können einander sehr beschenken, wenn beide dafür offen sind. Dreier treibt es stets in die Aktion. Fünfer brauchen mehr Ruhezeiten. Beide können voneinander lernen.

Sechs: Die Drei liebt den Erfolg, die Sechs traut ihm nicht. Das Bemühen der Drei, einen guten Eindruck zu machen und ständig ihre Kompetenz unter Beweis zu stellen, kommt der Sechs unecht und abstoßend vor. Dieser Graben erfordert viel Brückenbauarbeit, aber es kann gelingen. Die Sechs schätzt Gruppenerfahrungen, in denen sie keine führende Rolle hat. Die Sechs liegt in der Trostrichtung der Drei; diese braucht das Sechserverhalten, um ganzheitlich heil zu werden. Und Heilung erfolgt manchmal nur, wenn wir folgen.

Sieben und Acht: Drei, Sieben und Acht sind sehr stark – und wollen alle nicht verletzlich sein. Die Drei versorgt, die Acht beschützt und die Sieben vermeidet, und alle drei Typen stehen Gefühlen eher abwertend gegenüber. Diese drei Typen kommen miteinander aus, aber sie müssen sich alle dem einen oder anderen Realitätscheck unterziehen.

Neun: Drei und Neun leben harmonisch zusammen, wenn beide einem gemeinsamen Wertesystem verpflichtet sind. Die Drei möchte bewirken, dass etwas geschieht. Die Neun wartet ab und lässt zu, dass etwas geschieht. Beides ist – je nach Situation – gut. Die Neun braucht oft die Energie und auch die Initiative der Drei, und die Drei braucht den Sinn der Neun für so etwas wie ein heiliges Zögern.

Schuss, aber sie fand das unklug. Als sie ihm den Drink brachte, redete sie ihm ein, dieser Drink sei deutlich stärker als der vorige.

Irgendwann kam die Flugbegleiterin, um die Bestände an alkoholischen Getränken zu überprüfen, und stellte fest, dass ihre Auszubildende tatsächlich sämtliche Drinks ohne Alkohol serviert hatte.

Ich fragte meine Gesprächspartnerin, ob man ihr deswegen Vorwürfe gemacht hatte. „Na ja", sagte sie, „es war ein Flug von L. A. nach Vegas. Und alle, die Drinks bestellt hatten, waren ziemlich jung. Also sagte ich, sie hätten vermutlich bereits vorher genug intus gehabt. Und dass ich mich dafür verantwortlich fühlte, gut für unsere Fluggäste zu sorgen, und der Meinung war, es wäre für alle Passagiere besser, wenn ich zu diesem Zeitpunkt keinen Alkohol mehr ausschenkte."

Für jeden Typ im Enneagramm gilt: Die Hauptleidenschaft oder Wurzelsünde kann so stark ausgeprägt sein, dass sie das Verhalten völlig bestimmt.

„Und – sind Sie damit durchgekommen?", hakte ich nach.

„Ja, bin ich. Ich zeigte der Kollegin, wer die Drinks bestellt hatte. Alle waren zufrieden. Zwei dieser Gäste schliefen, und der eine, der zu Beginn des Flugs ziemlich fordernd gewesen war, saß friedlich da und nippte an seiner alkoholfreien Bloody Mary."

Dreier wollen keine Fehler machen; sie rechtfertigen sich, indem sie die Situation umdeuten – und darin sind sie so gut, dass sie oft genug selbst glauben, was sie sich ausgedacht haben.

Selbstdarstellung und Selbstschutz. Dreier nutzen ihr Image, um in Beziehungen zu anderen ihre Position zu behaupten. Irgendwann in ihrer Kindheit sind sie zu der Überzeugung gelangt, es sei nicht okay, eigene Gefühle und eine eigene Identität zu haben. Ihre Erfahrungen in der Familie oder mit Autoritätspersonen haben sie davon überzeugt, es sei besser, Gefühle wegzustecken und so zu werden, wie andere es erwarten und begrüßen. Und so haben sie angefangen, das zu sein, was eben gerade gebraucht wird. Dreier können bis zu zwanzig unterschiedlichen Gruppen angehören – Verwandte, Kollegen, Freizeitbeziehungen –, und in allen sind sie die Vorzeigekinder. Es ist eine bemerkenswerte Begabung. Aber damit auf gesunde Weise umzugehen, ist schwer.

Wenn wir eine Drei lieben, hat diese meist keine Ahnung, welchen Teil von ihr wir lieben – und dass wir *alles* an ihr lieben könnten, kann sie nur schwer akzeptieren. Von der Feier zu ihrem 61. Geburtstag in der Sacre Coeur-Basilika in Paris schrieb mir eine sehr bekannte Künstlerin, die vermutlich eine Drei ist: „Jetzt endlich kann ich glauben, dass ich am Familientisch Gottes willkommen bin. All meine Ichs sind hier willkommen."

Wenn Sie in Beziehungen zu Dreiern leben, ist es sehr wichtig, dass Sie diese Grunddynamik verstehen: Jedes „Ich", das die Drei Ihnen oder anderen präsentiert, ist ein Versuch, Ihnen das zu geben, was Sie nach Ansicht der Drei von ihr wollen. Denn die Drei ist überzeugt: Wenn sie das von sich zeigt, was hinter dem dargebotenen Image liegt, wäre das weder liebenswert noch willkommen. Es schmerzt zu wissen, dass liebenswerte Menschen solche Mühe haben zu glauben, dass sie so, wie sie sind, wertvoll sind. Wie verletzlich sie das in Beziehungen macht, kann man sich vorstellen. Die Zwei verbirgt ihre Verletzlichkeit hinter ihrer Hilfsbereitschaft und dem Gefühl, gebraucht zu werden; die Vier versteckt sie, indem sie andere erst an sich bindet und sie dann wegstößt, und die Drei tut dasselbe, indem sie Erwartungen erfüllt oder übererfüllt.

Täuschung. Wenn die Drei sich verwandelt, um anderen zu gefallen, dann macht sie es perfekt. Das kann wie eine Begabung aussehen. Aber in Wirklichkeit ist es ein komplexes Problem, denn die Drei verliert auf diese Weise den Kontakt mit sich selbst – dazu, wer sie eigentlich ist, was sie wirklich denkt, was sie wirklich fühlt. Wenn es der Drei vor allem um Leistung und Erfolg geht, wenn sie Abkürzungen nimmt und Gefühle nicht gut wahrnimmt (die eigenen und die von anderen), führt das nicht nur zu Missverständnissen, sondern auch dazu, dass ihr viel entgeht. Der größte Verlust bestünde darin, dass sie anfängt zu glauben, dass ihr „konstruiertes Image" tatsächlich ihren Wesenskern ausmacht. Das ist die Sünde oder Leidenschaft der Täuschung. Die Drei täuscht *sich selbst.*

Die Drei passt sich in allen Beziehungen an. So fällt es ihr schwer, konsequent Werte zu vertreten, für die sie tatsächlich steht.

Für die meisten Dreier ist die Arbeit das Zentrum ihres Lebens. Das zu ändern erfordert Anstrengung und Selbsterkenntnis; zudem wird eine solche Veränderung wohl kaum den Beifall des Chefs finden. Aber manchmal – vermutlich, weil es die Gnade gibt – macht die Drei persönliche Erfahrungen, die sie veranlassen zu überdenken, welche Werte sie anstrebt und wofür sie sich einsetzt.

Ein Freund, der eine Drei ist, hat mir ein Beispiel dafür genannt: „Suzanne, es gibt Dinge, die mir wichtig sind, die aber im Konflikt stehen mit der Organisation, für die ich arbeite. Ein Beispiel sind Bedürfnisse und Rechte von gleichgeschlechtlich Liebenden. Einer meiner Söhne ist homosexuell, und an meinem Arbeitsplatz kann ich darüber nicht sprechen, von Unterstützung ganz zu schweigen. Ich komme mir manchmal vor wie ein Heuchler."

Die Masken abzunehmen, die wir alle tragen, um in dieser Welt unseren Weg zu gehen, kann gravierende Konsequenzen haben –

gute, aber auch nicht so gute. Meiner Erfahrung nach ist es fast immer so: Eine echte Veränderung, die den entscheidenden Beziehungen der Drei dient, hat vor allem negative Auswirkungen auf die weniger wichtigen Beziehungen. Es erfordert Mut und Arbeit – und es lohnt sich.

Stresspunkt und Trostpunkt

Die Drei bildet zusammen mit Neun und Sechs die Triade im Zentrum des Enneagramms. In der ungesundesten Ausprägung heischt die Drei verzweifelt um Aufmerksamkeit, will beachtet werden, erwartet, dass man mit ihr Kontakt aufnimmt; sie prahlt mit ihren Erfolgen und übertreibt dabei nicht selten. Wenn das nicht wirkt, wird sie zornig auf jeden, der ihr ihre Geschichten nicht glaubt, und bestraft den anderen durch Destruktivität. Wir erinnern uns: Dreier leben erkennbar im erhöhten Konkurrenzmodus.

Unter Stress geht die Drei zur Neun, was ihrem Konkurrenzstreben entgegenwirkt. Mit ein paar Verhaltensmustern der Neun an Bord öffnet sich die Drei eher für andere und deren Ideen und ist auch ehrlicher mit sich selbst. Sie kann sich ein bisschen entspannen und zulassen, dass ihr Konkurrenzdenken abflaut. Sie will noch immer beachtet werden, aber das Bedürfnis danach ist geringer, und es gelingt ihr auch besser, sich auf andere einzulassen.

Die entspannte Drei, die sich sicher fühlt, hat Zugang zu einigen der besten Qualitäten der Sechs. In dieser Ausrichtung sind Dreier sehr viel offener für andere. Sie sind nicht mehr ganz so überzeugt von sich selbst und lassen zu, dass andere ein langsameres Tempo fahren und auch ihren Beitrag leisten – sei es in beruflichen oder in privaten Beziehungen. Dies ist auch die Position, in der Dreier sich stärker bewusst werden, dass sie sich eine Verbindung zu etwas oder jemandem wünschen, der größer ist als sie selbst, statt nur auf die eigene Kraft zu vertrauen.

Die Drei in Beziehungen

In der westlichen Kultur mit ihrem Fokus auf Jugend, Leistung und Erfolg erfährt die Drei viel Wertschätzung. Dreier arbeiten viel, ohne sich zu beschweren. Viele berichten, dass es für sie richtig schwer ist, tatsächlich Urlaub zu machen, denn die allgegenwärtige Technologie ermöglicht es ja, überall mit dem Arbeitsplatz verbunden zu bleiben. Die Wirtschaft schätzt Mitarbeiter, die keine Freizeit brauchen und immer weitermachen. Für die Drei sind das gute Nachrichten.

Aber es gibt auch eine Kehrseite: Unsere Kultur belohnt und bejubelt gerade die Eigenschaften, die ernsthafte Veränderung verhindern. Was der Drei in beruflicher Hinsicht nützt, kann für persönliche Beziehungen fatal sein. Wenn die Drei ständig Überstunden macht, leiden ihre Beziehungen. Wenn sie immer wieder Aktivitäten ihrer Kinder verpasst, weil die Arbeit wichtiger ist, leiden diese Beziehungen. Wenn sie für die wichtigsten Menschen in ihrem Leben nicht da ist, sowohl physisch wie emotional, leiden Beziehungen.

Die Drei beginnt Beziehungen mit einer Bilderbuchvorstellung. Aber die Wahrheit ist: Beziehungen sind immer auch chaotisch und unberechenbar. Wenn diese Realität zuschlägt, versucht die Drei gewöhnlich, ihre Bilderbuchvorstellung dennoch wahrzumachen, indem sie sich Ziele setzt und Listen schreibt. Dann wird die Beziehung zu einem Projekt, das zum Erfolg geführt werden muss. Wenn es der Drei nicht gelingt, ihr Leben zu verlangsamen, wird es für sie sehr schwer, Zugang zu tiefen persönlichen Gefühlen zu finden. Und das hat dann für ihre Beziehungen vielfache negative Auswirkungen.

Zu oft ersetzen Dreier ihre tatsächlichen Gefühle durch Vorstellungen von Gefühlen. Das funktioniert aber nur in Beziehungen zu einem Partner, der ebenfalls dazu neigt, Gefühle zu unterdrücken. Die Drei möchte immer alles in Ordnung bringen. Sie kann daher ungeduldig oder verächtlich reagieren, wenn jemand einfach nur gehört werden will, wie die Sechs, oder Erfahrungen im Gespräch verarbeitet, wie die Zwei. Die Drei hat oft Mühe, dunklere Gefühle zu tolerieren. Aber wenn sie nicht lernt, Aufmerksamkeit für die eigenen Gefühle und für die des anderen zu entwickeln, wird die Beziehung ganz sicher Schaden nehmen.

In einem Gespräch über Beziehungen erzählte mir eine Drei mittleren Alters Folgendes: „Ich schätze Nähe, aber ich will sie zu meinen Bedingungen – in kleiner Dosierung und wenn ich nicht gerade mit etwas anderem beschäftigt bin. Die Ironie ist: Ich möchte, dass andere sich um mich kümmern und mich unterstützen. Aber das umgekehrt auch für sie zu tun, dazu habe ich selten genug emotionale Energie. Unterstützung und Liebe für andere heißt für mich, dass ich etwas für sie *tue*. Ich weiß, das ist nicht der einzige Weg, Liebe zu zeigen, aber für mich ist es der wichtigste."

Aber enge und vertrauensvolle Beziehungen entstehen nicht, wenn nur einer der Beteiligten bestimmt, wie sie gelebt werden. Und sie kommen auch nicht immer zum passenden Zeitpunkt. Von anderen etwas zu erwarten, was man selbst nicht geben kann, ist nicht nur unfair, es führt auch zu nichts. Aber andererseits gilt auch: Wir können uns alle bemühen, für den anderen und für eine bereichernde Beziehung auch Unvertrautes und Unbequemes zu tun. Das ist die Herausforderung für die Drei.

Gemeinsam unterwegs

Für die Drei ist es oft schwer, die Wahrheit über sich selbst zu hören. Courtney Pinkerton ist Coach und Autorin und gehört zu meinen Lieblings-Dreien. Kürzlich ist sie mit Mann und drei Kindern nach Nicaragua gezogen, um jetzt dort – wie schon früher – die Welt ein wenig besser zu machen.

Eines Abends machte Courtney mit ihrem Mann Richard einen Strandspaziergang. Die Sonne ging unter, der Vulkan hüllte sich in Dunst, und ihre bloßen Füße hinterließen Spuren im schwarzen vulkanischen Sand. Courtney fand, es sei der perfekte Moment, um mit Richard darüber zu sprechen, wie sie den nächsten Abschnitt ihres gemeinsamen Lebens gestalten wollten. Also fragte sie ihn, welche Ziele er hätte und was er sich wünschte. Aber Richard hatte kein Interesse an diesem Gespräch. Er sagte nur: „Ich genieße gerade einfach nur diesen Moment: wie die Wellen rauschen, den Dunst, wir beide hier – eben alles."

Richards Reaktion brachte Courtney zum Lachen. Und nachdem sie Gelegenheit gehabt hatte, darüber nachzudenken, sagte sie: „In jeder Liebesbeziehung gibt es viele Rollen: Manchmal ist einer der Träumer und der andere der Macher. Einer ist der Künstler, der andere managt die Finanzen. Ich glaube nicht, dass diese Rollen an und für sich schlecht sind, solange man flexibel bleibt und sich nicht irgendwo festbeißt. Es ist gut, wenn beide abwechselnd alle Rollen wahrnehmen. Und ehrlich gesagt: Die Rollen, die wir in einer Partnerschaft spielen, reflektieren in der Regel die Seiten und Aspekte unseres Menschseins, die wir in uns tragen."

Die Drei ist besser als jede andere Zahl im Enneagramm dafür ausgestattet, alle Rollen zu spielen – wenn sie in der Lage ist, zu respektieren, wer sie ist, sowohl innen als auch nach außen.

Beziehungen *für* die Drei

Die Drei bereichert das Leben anderer, indem sie ihnen hilft, ihr Potenzial zu erkennen und auch zu erreichen. Dreier sind schnell und smart und effizient. Gleichzeitig gilt, was Richard Rohr gesagt hat: Die traurigste Gestalt im Enneagramm ist eine erfolglose Drei.[7] Vielleicht wären Dreier gut beraten, ihre Definition von Erfolg zu erweitern und anzuerkennen, dass andere Wege auch gut sein können. Hier ein paar Dinge, die die Drei beherzigen sollte:

Was Sie können …

- lernen, von zur Schau getragenen Emotionen zu emotionaler Tiefe zu gelangen.
- das Lebenstempo verlangsamen, Freundschaften schließen und Aktivitäten genießen, die kein vordefiniertes Ergebnis und keinen messbaren Ertrag haben.
- lernen, Erfolg zu genießen, ohne Ihren Wert als Mensch daran zu binden.

Aber was Sie nicht können …

- Ihrer Anspannung entkommen.
- Ziele für andere vorgeben. Sie können sich in einer Beziehung auf gemeinsame Ziele einigen, aber Sie müssen darauf achten, dass diese Ziele für beide Partner realistisch und erstrebenswert sind.

- sich schützen, indem Sie sich übermäßig mit Gruppen oder Projekten identifizieren.
- als der, der Sie sind, geliebt werden, wenn Sie andere nicht an sich heranlassen und wenigstens ein paar ihrer Verletzlichkeiten auch zeigen.

Sie werden also akzeptieren müssen, dass …

- Ihre Arbeit nicht Ihre Identität ausmacht.
- Rollen sowohl schützen als auch täuschen.
- nicht nur der Erfolg, sondern auch das Scheitern Sie wertvolle Lektionen lehren kann. Richard Rohr sagt: „Erfolg hat uns nur noch wenig zu sagen, wenn wir erst mal fünfunddreißig sind."
- es keine leichten und schnellen Lösungen für verletzte Gefühle und verpasste Gelegenheiten gibt.

Beziehungen *mit* der Drei

Dreier machen oft den Eindruck, als verfügten sie über endlose Energiereserven, weil sie ihre Tage und ihr Leben an ihrer Produktivität messen. Aber hinter diesem äußeren Anschein sind sie nicht selten erschöpft. Lassen Sie die Drei wissen, dass Sie nicht ihr Image lieben, sondern das, was dahinter ist. Hier noch ein paar Wege, die Beziehungen zu den Dreiern in Ihrem Leben zu vertiefen:

- Gehen Sie nicht davon aus, Dreier hätten leichten Zugang zu ihren Gefühlen.
- Dreier sind zukunftsorientiert; in Gesprächen wirken sie leicht abgelenkt. Das bedeutet meist, dass etwas an dem, was Sie gesagt haben, die Drei auf einen Gedanken gebracht hat, den sie nun unerwarteterweise erst einmal verfolgt. Nehmen Sie derartiges Abgelenktsein nicht persönlich.
- Dreier haben kein Interesse daran, ständig die Vergangenheit zu thematisieren.
- Wenn sie sich nicht bewusst dafür entscheidet, wird es der Drei schwerfallen, darüber zu reden, was gerade bei der Arbeit läuft.
- Dreier können nicht gut verlieren; aber es kommt ihnen zugute, wenn sie eine Sicht der Dinge entwickeln können, die weniger dualistisch ist und nicht so sehr in Kategorien wie gut oder schlecht, sympathisch oder unsympathisch denkt.
- Sie müssen wissen, dass die Drei sich Bestätigung und Anerkennung wünscht, und dass sie sich wirklich freut, wenn Sie das auch mit Worten zum Ausdruck bringen.

- Versuchen Sie, nicht zu viel über Negatives zu reden. Dreier sind sehr optimistisch und sie schätzen Menschen, die ebenfalls positiv durch die Welt gehen.
- Vermeiden Sie zu viele „Beziehungsgespräche".
- Dreier wirken stark, aber sie sind darauf angewiesen, dass Sie sanfter sind als die Drei.
- Bringen Sie zum Ausdruck, dass Sie verstehen, welchen Kampf die Drei damit hat, ein bestimmtes Image aufrechtzuerhalten. Aber vermeiden Sie es, diese Tendenz zu unterstützen, bestimmte Bilder zu kreieren und immer neue Rollen anzunehmen.
- Dreier müssen ermutigt werden, ihre Gefühle zu identifizieren und darüber zu sprechen. Tun Sie das, aber wenn die Drei sich dann darauf einlässt, lassen Sie das Thema anschließend wieder eine Weile ruhen.
- Dreier werden nicht gern unterbrochen, wenn sie an einer bestimmten Sache arbeiten.
- Sagen Sie der Drei klar und deutlich, was Sie brauchen. Dreier wollen gern geben, was Sie brauchen – sie haben nur Mühe zu erkennen, was das ist.

Die Vier

Lass mich allein, aber geh nicht weg

Daphne hatte das gemeinsame Essen mit Jane in ihrem japanischen Lieblingsrestaurant wirklich genossen. Als sie zwei Tage später einen Brief von Jane im Briefkasten fand, war sie wirklich überrascht. Der Brief war kurz, aber deutlich:

Liebe Daphne,

als wir am Dienstagabend essen waren, hast du mich ein paarmal gefragt, ob mein neuer Job mich vielleicht zu viel Kraft kostet. Und du hattest recht. Der Wechsel hat mir viel abverlangt. Ich habe gerade keine Kraft für anderes, und das bringt einen Unterschied zwischen uns ans Licht, der schon immer bestand. Du warst so begeistert von deinem neuen Haus und so traurig, dass der Brustkrebs bei deiner Mutter zurückgekehrt ist. Ich fühlte mich als Freundin überfordert und konnte dir nicht viel Trost und Rat anbieten. Im Moment habe ich einfach nicht die Kraft dafür; aber ich würde es gern tun, denn wenn ich das tue, ist es immer die reinste Magie.
Aber im Moment muss ich mich auf meinen neuen Job konzentrieren. Ich möchte, dass du weißt, dass ich dich liebe. Lass uns nach den Osterferien wieder Kontakt aufnehmen.

Lieben Gruß,
Jane

Daphne legte den Brief weg und spürte eine Welle vertrauter Gefühle in sich aufsteigen. Sie war enttäuscht. Traurig. Verwirrt. Fühlte sich abgelehnt. Missverstanden. Es war immer dasselbe: *Ich bin zu anstrengend.* Sie fragte sich, warum Jane nicht einfach sagen konnte, sie sei sehr erschöpft und könnte gerade nicht viel verkraften, statt einen fünfwöchigen Kontaktstopp anzusagen.

Als Daphnes Mann Mark nach Hause kam, war Daphne immer noch verstimmt. Mark nahm sie in den Arm, hörte ihr wie immer geduldig zu und versuchte nicht, ihr ihre Gefühle auszureden. Er erinnerte sie daran, wie schon häufig, dass ihre Leidenschaft und Intensität eben oft missverstanden würden. Was sie als Einladung zu einer tieferen Beziehung verstand, hatte Jane das Gefühl gegeben, als lasse sie ihr keine Luft zum Atmen. Daphne wusste, dass Mark recht hatte.

Was ist hier los?

- Was, glauben Sie, hat Daphne an Janes Brief überrascht?
- Inwiefern spielt emotionale Energie in Ihren Beziehungen zu anderen eine Rolle?
- Warum, glauben Sie, hat Jane einen Brief geschrieben, statt einfach gleich beim Essen zu sagen, wie sie sich fühlte?
- Was macht die „Magie" in dieser und in anderen Beziehungen aus, von der Jane in ihrem Brief spricht?

Für Vierer wie Jane ist es nicht ungewöhnlich, dass sie zu hören bekommen, sie seien „anstrengend" – selbst von Menschen, die ihnen nahestehen. Die Gefühlsintensität der Vier in Kombination mit unberechenbaren Stimmungen erfordert Verständnis,

Mitgefühl, Geduld – und Akzeptanz der Tatsache, dass die Vier Authentizität braucht. Wenn man Vierern durchaus liebevoll sagen zu müssen meint, sie sollten doch mal etwas „normaler" werden, fühlt sich das für sie andere als liebevoll an.

Die Welt der Vier

Die Vier hat den tiefen Wunsch, als der Mensch gesehen zu werden, wirklich gesehen zu werden, der sie ist. Aus Erfahrung wissen Vierer, dass sich die meisten Menschen nicht die Zeit nehmen, andere wirklich kennenzulernen, von verstehen ganz zu schweigen. Und das gilt in den meisten Fällen auch für Vierer. Wenn ich mit Vierern über ihre Beziehungen und ihren Wunsch rede, gekannt zu sein, kommen zuverlässig zwei Aussagen. Erstens: Immer wieder haben andere sie fallengelassen – es gab wiederholt überraschende Beziehungsabbrüche. Und Zweitens: Sie hören oft von anderen, sie seien zu anstrengend oder zu kompliziert. Obwohl sie an Beziehungen so sehr leiden, rappeln sich Vierer immer wieder auf und versuchen es noch mal.

Als Kinder haben Vierer die Überzeugung erworben, irgendetwas stimme mit ihnen nicht. Eine gute Freundin von mir, Elizabeth, erzählte mir, ihre Eltern hätten nicht gut damit umgehen können, wenn sie Gefühle zeigte. Sie bekam oft zu hören, sie sei zu empfindlich.

Elizabeth liebte ihre Grundschullehrerin Bunny Shelton. Mit einer Größe von nur knapp 1,40 Metern und einem Riesendutt, der sie ein wenig größer machte, war Miss Shelton charismatisch und beliebt. Eines Tages bekam Elizabeth von ihr einen Lutscher geschenkt und erzählte ihren Eltern voller Stolz, dass sie als Einzige diesen Lolli bekommen hatte, weil sie eben so besonders sei.

Leider war am selben Tag auch gerade Elternsprechtag. Als Elisabeths Eltern Miss Shelton für den Lolli dankten, erfuhren sie, dass alle Kinder eine Süßigkeit bekommen hatten. Verärgert und peinlich berührt, dass ihre Tochter geschwindelt hatte, befahlen sie Elizabeth, sich bei Miss Shelton zu entschuldigen. Elizabeths Wunsch, etwas Besonderes zu sein, hatte sie tief beschämt.

Später erkannte Elizabeth darin so etwas wie ein Lebensmuster: „Kinder, die zum Typ Vier gehören und zu Hause kein gutes Echo auf ihre Gefühle finden, haben ein Problem. Sie können nicht sie selbst sein. Sie haben nie das Gefühl, etwas Besonderes zu sein. Ich glaube, sie versuchen diesen Mangel dadurch auszugleichen, dass sie schwindeln, aber wenn sie dabei ertappt werden, führt das zur Beschämung. Und in der Folge bringt es das Grundgefühl, dass sie ihr „Besonderssein" nach außen zur Schau tragen müssen, um es zu empfinden. Ich glaube heute, hätte ich als Kind mehr Möglichkeiten gehabt, meine Gefühle auszudrücken und so emotional genährt zu werden, hätte ich mich besser mit meinem wirklichen Wesen und meiner Besonderheit identifizieren können.

Ich habe das Gefühl, das Wesentliche an mir wurde nicht angenommen, deshalb musste ich etwas Künstliches aufbauen. Wenn man unter diesen Bedingungen aufwächst, führt das dazu, dass man sich mit einem selbst gemachten Besonderssein oder einer künstlichen Persönlichkeit arrangiert. Aber man bezahlt dafür mit der eigenen Authentizität."

Die meisten Menschen wollen in wichtige Beziehungen das Beste einbringen, was sie zu geben haben. Für die Acht ist das meist Stärke. Für Zweier ist das „Beste" alles, was persönlich ist. Und für die Vier erfordert das „Beste" Echtheit. Wenn wir es mit einer Vier zu tun haben, die ein wenig zu emotional ist und die eigenen Empfindungen im Übermaß betont, dann geschieht dies vermutlich aus dem Bemühen heraus, authentisch und real zu sein.

Wenn die Vier Beziehungen aufbaut, empfindet sie häufig eine Spannung zwischen dem Wunsch, als sie selbst gesehen und verstanden zu werden, und der eher lockeren Haltung neuen

Kontakten gegenüber, die manche haben. Wenn Vierer sich anpassen, um dazuzugehören, fühlt sich das für sie an wie Verrat. Aber wenn sie bewusst versuchen, authentischer und mehr sie selbst zu sein, haben sie Angst, das zu riskieren, wonach sie sich am meisten sehnen – wirkliche Beziehungen.

Neid. Die Wurzelsünde der Vier ist Neid. Neid ist etwas anderes als Eifersucht. Vierer beneiden andere nicht um ihren Job, ihr Haus, ihr Auto. Aber sie sehnen sich danach, sich ebenso in der Welt zu Hause zu fühlen. Sie haben das Gefühl, andere erleben das Leben als weniger bedrohlich und kompliziert. Und sie wünschen sich das Glück, das sie – vermeintlich – bei den anderen erkennen. Dieses Neidgefühl erinnert sie ständig daran, dass sie ziemlich anders sind als die meisten Menschen, die sie kennen. Sie sind gefangen in einem Zwiespalt. Einerseits wünschen sie sich die Verlässlichkeit und Unkompliziertheit des Lebens der anderen, andererseits wollen sie authentisches Leben, das eben nicht so ist wie das der anderen. Die Vier sehnt sich so sehr nach dem, was sie nicht hat, dass sie häufig das verpasst, was sie hat.

Das alles zusammen stellt Beziehungen vor echte Herausforderungen. Es ist nicht leicht, mit jemandem zu leben, der so verzweifelt zufrieden sein will und nicht kann. Am Ende haben alle Beteiligten das Gefühl zu scheitern.

Scham. Vierer verwenden häufig ihre Energie darauf, ein Selbstbild aufrechtzuerhalten, das sich auf Gefühle, Tagträume und Geschichten aus der Vergangenheit gründet. Auf diese Weise erkennen sie oft nicht, wenn ihre wahren Gefühle sich zeigen. Sie haben sich angewöhnt, Gefühle und Stimmungen zu erzeugen und in sich wachzuhalten, die ihnen im Augenblick passen. Die unreife Vier kann eine Opferrolle annehmen, um so ein wenig Selbstwertgefühl zu bekommen, wenn jemand sich die Mühe macht, sich mit ihrem Unglück zu befassen. All diese Verhaltensweisen sind der Versuch, der *Scham* darüber zu entfliehen, dass sie glauben, sie seien auf irgendeine grundsätzliche Weise mangelhaft. Oft funktioniert dieses Verhalten auch, allerdings immer nur für den Augenblick.

Die Vier bildet zusammen mit der Zwei und der Drei die Herz-Triade. Alle – Zwei, Drei und Vier – müssen lernen: Wer man wirklich ist, hat nichts damit zu tun, was andere denken, und auch nichts mit der eigenen Vergangenheit. Alle „Herztypen" glauben, wenn es Schwierigkeiten in ihren Beziehungen gibt, dann liege das Problem bei ihnen, wenn irgendetwas schiefgeht, sei es ihr Fehler, und überhaupt seien sie irgendwie mangelhaft oder ungenügend. Sie sind überzeugt, wenn sie nur mehr tun, mehr sein, mehr erreichen oder anders sein oder nur irgendwie außergewöhnlich sein könnten, dann wären sie liebenswert und würden auch geliebt.

In Beziehungen zu einer Zwei, Drei oder Vier ist die große Frage: *Wer ist das eigentlich, mit dem ich da in einer Beziehung lebe?* Manchmal ist der andere tatsächlich der, der er wirklich ist; aber nicht selten spielt er auch eine Rolle. Für Vierer sind der erforderliche Rollenwechsel und die nötige Anpassung viel schwerer als für Zweier und Dreier. Und wenn die Vier versucht, der Mensch zu sein, den der Partner vermeintlich will und liebt, verursacht das viel Kummer.

Vergessen wir nicht: Die Typen der Herz-Triade ersetzen die Kraft echter Gefühle durch alle möglichen Ersatzreaktionen. Die Zwei schenkt den Gefühlen der anderen ihre ganze Aufmerksamkeit, aber ihre eigenen ignoriert sie. Die Drei findet Gefühle beschwerlich und vorhersagbar. Auch wenn sie Gefühle bei sich selbst und anderen eigentlich erkennt, schiebt sie sie rasch als unwichtig und unnötig weg. Die Vier wünscht sich dieselbe Zufriedenheit, die die Zwei und Drei anscheinend mit ihren Strategien erreichen. Aber wenn es in einer wichtigen Beziehung dann einen

Bruch gibt, reichen gewöhnliche Gefühle und gewöhnliche Ergebnisse nicht mehr aus.

Die Vier verstärkt die eigenen Gefühle negativ, um ihrem Verlustgefühl Rechnung zu tragen. Menschen wie Daphne könnten etwa auf den Brief der Freundin reagieren, indem sie sich zurückziehen, traurige Musik hören, melancholische Filme sehen und sich alte Fotos aus Zeiten ungetrübter Freundschaft ansehen. Und auf diese Weise fallen sie weiter und weiter in eine Traurigkeit, die für sie zutiefst befriedigend ist. Für eine Vier gilt: An eine besondere Freundschaft oder Beziehung sollte man sich nie auf ganz gewöhnliche Weise erinnern.

Manchmal übertreibt die Vier es mit allem – mitteilen, erklären, reden – und erzeugt damit ein Gefühl von Verpflichtung, das andere schlicht nicht befriedigen können.

Bloß nicht Durchschnitt sein. Die Vier will um keinen Preis durchschnittlich sein. Oft meiden Vierer alles, was konventionell oder gerade „in" ist oder was irgendwie normal sein könnte. Eine Vier sagte mir:
„Ich fürchte mich vor dem Durchschnittlichen, und normal sein ist für mich kein erstrebenswertes Ziel."
Man stelle sich vor, wie kompliziert diese Haltung Beziehungen macht. Die Vier möchte dazugehören, kann es aber nicht – ständig hat sie das Gefühl, nicht im Gleichklang mit der Welt zu sein. Wenn Sie in einer Beziehung mit einer Vier leben und etwa beide mit Freunden oder Kollegen zusammen sind, steckt Ihre Vier Sie vermutlich mit diesem Gefühl an.

In Wirklichkeit sind Vierer *tatsächlich* recht besondere Menschen, aber nicht immer wissen sie selbst das. Dann setzen sie alles daran, „Besonderheit" zu erzeugen. Aber das kann sie einen hohen Preis kosten. Die Ironie des Ganzen: Die Vier müsste sich überhaupt nicht so anstrengen, um nicht „gewöhnlich" zu erscheinen, denn Vierer sind das kaum je. Wenn sie einen Teil ihrer Energie darauf richtet, die gewöhnlichen Aufgaben des Lebens anzupacken und ganz normal, alltäglich und in gewisser Weise vorhersagbar in dieser Welt zu leben, kann das ihre Beziehungen sehr voranbringen.

Enneagramm hin oder her – es liegt in unserer Natur, zu manchen Dingen hingezogen zu sein und andere zu vermeiden.

Stresspunkt und Trostpunkt. In Stresssituationen gerät die Vier leicht in den ungesunden Bereich ihres Typs, wo Exzesse an der Tagesordnung sind, die zugleich destruktiv und seltsam tröstlich sind. Das Bemühen der Vier, authentisch zu sein, verkommt zu einem störrischen Beharren darauf, anders zu sein. Dann wird die Vier leicht wichtigtuerisch, anspruchsvoll oder gibt sich unerreichbar in der Hoffnung, der andere wird alles daransetzen, den Kontakt herzustellen.

Die ungesunde Vier unterdrückt ihre Tatkraft und so fehlen ihr Stehvermögen und Entschlussfreudigkeit. Kommt noch der Faktor Scham hinzu, fühlt sie sich unfähig, irgendetwas zu tun, um die Situation zu verändern. Dann empfindet die Vier eine tiefe Hoffnungslosigkeit, an die andere nur schwer herankommen. Auf Menschen, die einer Vier nahestehen, kann sich diese Hoffnungslosigkeit leicht übertragen, wenn sie versuchen, der Vier zu helfen.

Unter Stress übernimmt die Vier einige Verhaltensweisen der Zwei. Sie konzentrieren sich auf die Außenwelt, und ihr Blick auf ihre innere Landschaft wird kurzsichtig. Michelle, Pastorenfrau und Mutter von drei pubertierenden Jungs, hat mir berichtet, dass sie als Kind übermäßig auf die Gefühle anderer ausgerichtet war; sie war daher fast immer hochgradig angespannt. Als Überlebensstrategie wählte sie den Weg in Richtung Zwei. Sie dachte: *Was ist mit meiner Mutter los? Was stimmt nicht mit meinem Vater? Warum reden sie so komisch miteinander? Was stimmt nicht mit meinem älteren Bruder? Und mit meinem kleinen Bruder? Und was stimmt nicht mit mir?* Als Tochter eines konservativen Pastors fühlte sich von der Religiosität der Familie und von dem Zwang, ein gutes Bild abzugeben, eingeengt. Zerrissen von der Frage, ob mit ihr oder mit den Menschen in ihrem Umfeld etwas nicht stimmt, kam sie zu dem Schluss, es müsse an ihr liegen, denn die anderen waren alle gleich, nur sie war anders. Sie musste erst aufs College gehen und dort eine Mentorin und ein paar Freundinnen finden, damit sie sich endlich als liebenswert empfinden konnte.

In positiver Hinsicht kann die Vier, die Zugang zu Zweierverhaltensweisen hat, ihre Beziehungen besser pflegen. Sie verändert ihre Perspektive, sodass die Außenwelt ebenso in ihr Bewusstsein gelangt wie ihre Innenwelt. Diese „Bewusstseinserweiterung" tut ihren Beziehungen gut.

Die Vier, die sich sicher fühlt, übernimmt Verhaltensweisen der Eins. Sie ist disziplinierter, produktiver und auch kreativer. Die Eigenschaft, die für die Vier am hilfreichsten ist, ist die Fähigkeit der Eins, Gefühle zu empfinden, ohne sie gleich auszuleben oder zur Motivation ihres Handelns zu machen. Vierer, die Zugang zu einigen Verhaltensweisen der Eins haben, sind sehr viel erfolgreicher in ihren Beziehungen zu anderen.

1. Einser kämpfen oft mit unterdrückten Gefühlen. Hier kann die Vier helfen, in Kontakt mit den eigenen Gefühlen zu kommen, statt im Richtig/Falsch-Denken gefangen zu sein. Die Eins kann der Vier helfen zu erkennen, wann authentische Gefühle in ein Um-sich-selbst-Drehen umschlagen.

2. Zweier sind Verfolger, Vierer sind Flüchter. Das kann zu sehr dysfunktionalen Situationen in Beziehungen führen. Hier ist Vorsicht geboten.

3. Vierer haben in einer Stunde mehr Stimmungsumschwünge als andere in einer Woche. Und jedem davon widmen sie Aufmerksamkeit. Die Drei dagegen schiebt Gefühle von sich. Hier wartet eine Menge Arbeit, aber für beide, Drei und Vier, wäre der gesunde Weg, sich in der Mitte zu treffen.

4. Vierer sind ein Geschenk füreinander; aber es gibt auch mögliche Probleme. Die Angst, verlassen zu werden, kann sehr schwer zu bewältigen sein. Sie kann aber auch eine Gemeinsamkeit im Erleben darstellen, die jeder am anderen schätzt.

5. Die Fünf braucht Raum für sich selbst, die Vier braucht Nähe. In jeder Freundschaft oder anderen wichtigen Beziehungen wird man hier an einem

Die Vier und die anderen

Grenzen in Beziehungen

Das Beste und das Schlechteste an uns liegen sehr nah beieinander; und die Grenze zwischen „wirklich gut" und „zu viel des Guten" ist sehr fein. Manche Typen im Enneagramm kommen damit besser zurecht als andere; die Vier gehört aber zu denen, die damit am meisten zu kämpfen haben.

Die Vier kann das, was ihr wichtig ist, am besten durch Geschichten, Symbole, Liturgie, Kunst, Musik und Traditionen wiedergeben. Wir kennen sicher alle Vierer, die etwas anzubieten haben, was ein wenig anders ist als die normale Hausmannskost. Durch diese feinen Menschen erhält unser Leben mehr Farbe, Tiefe und Struktur. Auf der anderen Seite haben wir oft das Gefühl, wir müssten der Vier mehr Raum lassen, denn hinter dem, was wir an der Oberfläche sehen, gibt es immer noch zahlreiche weitere Schichten. Das ist faszinierend; es ist aber auch häufig eine Grenze, wenn es darum geht, Beziehungen aufzubauen.

Vierer sagen oft zu mir: „Niemand versteht mich." Vor Jahren, als ich gerade anfing, das Enneagramm zu lehren, machte ich den unsinnigen

Versuch, die Vier zu überzeugen, dass sie falschliegt. Heute antworte ich einfach: „Das stimmt – nur wenige Menschen verstehen, wie Sie die Welt sehen. Und vermutlich werden Sie mit dieser Tatsache leben müssen."

Eine Lösung für dieses Problem ist für die Vier schwer zu finden. Vielleicht ist sie versucht, sich anzupassen, um dazuzugehören; aber dieser Wunsch führt sie auch in ihr größtes Dilemma: Sich isoliert und allein zu fühlen mag nicht wünschenswert sein; aber nicht authentisch zu sein ist für eine Vier völlig inakzeptabel.

Bob Dylan war vermutlich das Musterbeispiel einer Vier. Er verband sein Talent mit seiner einzigartigen Weise, die Welt zu sehen. So schenkte er uns etliche der faszinierendsten Verse, die je geschrieben wurden, und half vielen Menschen dabei, sich durch die chaotischen 60er-Jahre hindurchzukämpfen. Sein Song „Positive 4th Street" ist zugleich tiefer Ausdruck für die Einsamkeit der Vier auf der einen Seite und der Beweis für Dylans Verpflichtung zur Authentizität auf der anderen.

Gleichgewicht der Bedürfnisse arbeiten müssen. Ein ehrlicher Austausch zu dieser Frage wird beiden guttun.

6. Vier und Sechs verbindet, dass sie sich oft von anderen missverstanden fühlen. Das hat sein Gutes, solange beide vermeiden können, sich vom anderen missverstanden zu fühlen. Der Vier kann es dabei helfen zu wissen, dass die Sechs loyal ist und zu ihr halten wird, auch wenn die Gefühle schwanken.

7. Vier und Sieben bilden im Enneagramm Gegensätze. Die Beziehung kann entweder sehr förderlich oder extrem schwierig sein, je nachdem, ob beide den Teil des Gefühlsspektrums, der ihnen selbst nicht so zugänglich ist, am anderen zu schätzen wissen. Von der Vier kann die Sieben lernen, dass auch die dunkleren Gefilde der Emotionen viel Gutes hervorbringen können; umgekehrt kann die Vier von der Sieben lernen, auch Freude zuzulassen und schätzen zu lernen.

8. Vier und Acht haben eine sehr unterschiedliche Sicht der Welt und ihres Platzes darin. Aber wenn es der Acht gelingt, emotional zugänglich zu sein, und der Vier, auf Dramatik zu verzichten, können beide eine interessante

Beziehung erleben. Das verlangt offene und ehrliche Kommunikation – aber das gilt ohnehin für jede gute Beziehung.

9. Die gute Nachricht für die Vier: Neuner bleiben. Für die Vier, die häufig fürchtet, verlassen zu werden, ist das sehr tröstlich. Aber es gibt auch einige Probleme: Weder Vier noch Neun sind gut darin, die Verantwortung für die eigenen Entscheidungen und das eigene Verhalten zu übernehmen; beide haben unausgesprochene Erwartungen und beide scheuen das Tun. Das kann eine Beziehung kompliziert machen.

Ich wünschte, nur ein einziges Mal
Könntest du in meinen Schuhen gehen,
Und nur für diesen einen Moment
Könnte ich du sein.[8]

Die meisten von uns kapieren Dylan nicht wirklich. Aber ich glaube, wir alle können einen Draht zu seiner Musik finden. Und das ist in Beziehungen mit einer Vier unsere große Hoffnung: daran zu glauben, dass auch sie nach einem Weg sucht, aus sich herauszugehen und den Kontakt zu uns zu suchen.

Vierer bemühen sich oft um Beziehungen, die sie nicht haben können. Ich vermute, dieses Hingezogensein zu unerreichbaren Beziehungen ist eine Art irregeleiteter und vermutlich unbewusster Selbstschutzmechanismus. Sie glauben anscheinend, der Versuch, eine unerreichbare Beziehung zu suchen und damit zu scheitern, sei weniger schmerzhaft als der Wunsch nach einer Beziehung zu jemandem, der diese Beziehung nicht erwidern will.

Vierer haben oft Mühe, Probleme zu lösen, vor allem dann, wenn sie sich missverstanden fühlen (und das ist meistens der Fall) oder wenn die Lösung sich durchschnittlich anfühlt.

Unser jüngster Sohn BJ ist eine Vier. Im Alter von acht Jahren war er ein herrlicher Sopran, und als Mitglied im Texas Boys Chor sang er nach Herzenslust. Die vierzig Jungen in diesem Chor teilten alles: Schule, Reisen, die Zeit des Heranwachsens – und sie wussten daher genau, wie sie einander auf die Palme bringen konnten. BJ hatte Mühe, sich zugehörig zu fühlen, weil es ihm nie gelang, Freundschaften zu den Jungen zu knüpfen, von denen er es sich am meisten wünschte. Echte Zugehörigkeit erlebte er erst später im Leben – teils, weil er eine Vier ist, und teils, weil er eben BJ ist. Was ihm beim Versuch, Freundschaften zu schließen, am meisten im Weg stand, war sein hartnäckiger Wunsch, gerade denen wichtig zu sein, die er nicht erreichen konnte.

> Was und wie wir sehen, bestimmt auch, was wir übersehen.

Wie für BJ gilt für alle Vierer: Mehr als jeder andere Enneagramm-Typ sehnen sie sich nach Zugehörigkeit. Sie leben mit der Illusion, dass eine andere Person sie vervollständigen könnte. Wenn eine normale oder unreife Vier tatsächlich erlebt, dass sie zu jemandem gehört, passiert es nicht selten, dass sie die Beziehung sabotiert, indem sie gerade den Menschen abweist, mit dem innige Zweisamkeit möglich wäre.

Die durchschnittliche Vier reagiert, indem sie ihre Gefühle und Emotionen um eine weitere Stufe intensiviert. Aber Beziehungen verkraften es nur schwer, wenn Gefühle anscheinend grenzenlos sind. Wenn die Vier nicht weiß, wie sie ihre Gefühle nachvollziehbar ausdrücken kann – und zwar die ganze Bandbreite zwischen himmelhoch jauchzend, zu Tode betrübt und jeder Nuance dazwischen –, neigen die Partner in Beziehungen dazu, sich zurückzuziehen. Fatalerweise ist das gerade die große Angst der Vier: verlassen zu werden. Wenn also andere einer Vier Rätsel aufgeben oder sich anscheinend abwenden, verstärkt das die Überzeugung der Vier, sie sei Liebe und Nähe einfach nicht wert.

Gemeinsam unterwegs

Meine schon erwähnte Freundin Elizabeth lebt mit Mann und Kindern in Austin, Texas. Elizabeth ist Porträtmalerin. Sie malt auf großen Leinwänden, und ihre Porträts sprühen vor kräftigen Farben und kunstvollen Details. Wenn ich ein solches Porträt eine Weile angeschaut habe, habe ich anschließend fast das Gefühl, ich hätte die dargestellte Person getroffen. Es war eine außergewöhnliche Erfahrung für mich, zusammen mit meinem Mann ihre Ausstellung anzusehen. Es kam mir so vor, als hinge die Sicht meiner Freundin auf diese Welt an jeder Wand.

Als wir die Galerie betraten, erhielten wir einen Flyer „Erklärung der Künstlerin“. Vorn auf dem Flyer stand:

Was wir geliebt haben, werden andere lieben,
und wir werden ihnen zeigen wie.

WORDSWORTH

Dann folgten Elizabeths Ausführungen darüber, was sich rund um den Globus ereignet hatte, während sie die Bilder gemalt hatte – ihre Reaktion darauf und ihre Hoffnungen:

> *Meine Arbeit ist allgemein gesprochen ein oft vergebliches, aber unstillbares und völlig unerfüllbares Bestreben danach, hellwach zu sein. Hellwach für das, was mich umgibt und wer mich umgibt – vor allem hellwach für den Wunsch, Schönheit zu entdecken – nicht einfach Schönheit im Sinn von Glamour oder Attraktivität, sondern Schönheit als – wie Baudelaire es ausdrückt – „Entsprechung des Himmels“. Jacques Maritain sagt: „Was unsere Liebe weckt, ist die Schönheit dessen, was wir lieben.“*

Ich glaube, ich konstruiere mir unbewusst eine Welt, die ich leichter lieben kann. Patty Griffin singt davon, eine Dienerin der Liebe zu sein. Und das sind wir alle; wir haben nur die Wahl, wie leidenschaftlich wir das auch spüren wollen. Wenn wir Schönheit erschaffen, nehmen wir teil an einem Schriftwechsel mit der Ewigkeit. Schönheit liegt in der Absicht, sie im anderen zu entdecken. Uns in einen Menschen zu verlieben setzt voraus, dass wir zunächst seine Schönheit wahrnehmen, und diese Wahrnehmung ist abhängig von der Qualität und der Absichtlichkeit unseres Sehens. Wir müssen uns selbst inne sein, um des anderen inne zu sein. Oder, wie Cummings es sagt: „Künstler zu werden bedeutet gar nichts; aber lebendig werden, ganz man selbst, bedeutet alles."

Später sprach ich mit Elizabeth über diese Erklärung und sagte: „Du weißt schon, dass nicht jeder das will, oder?" Wir mussten beide lachen.

Wenn die Vier sich in einer Beziehung sicher fühlt, kann sie annehmen, dass der andere ihre Einzigartigkeit erkennt und schätzt, und sie muss sich nicht mehr verstellen.

Beziehungen *für* die Vier

Vierer verfügen über die Gabe, sowohl Schönheit als auch Schmerz aufzunehmen, ohne sich gedrängt zu fühlen, zwischen beidem zu wählen. Für die Vierer unter meinen Lesern: Sie werden die Vorstellung, Sie seien in wesentlicher Hinsicht mangelhaft, loslassen müssen. Hier noch einige Anregungen für Vierer:

Was Sie können …

- sich mit Schönheit umgeben, allerdings nicht zu jeder Zeit.
- Schmerz und Leid um sich her wahrnehmen, ohne jedes Problem lösen zu müssen.
- lernen, Normalität auch dort zu suchen, wo Sie das Außergewöhnliche erwarten.
- ein eigenes Bild von sich selbst erschaffen und sich auf vielfältige Weise ausdrücken. Aber nicht jeder wird das verstehen oder gutheißen. Und das ist okay.

Aber was Sie nicht können …

- ein außergewöhnliches Leben führen, das auf Fantasie beruht.
- sehr viele Menschen um sich haben, die Ihren emotionalen Schwankungen Rechnung tragen.
- mehr als einen oder zwei Menschen finden, die in der Lage sind, das, was Sie in eine Beziehung zu investieren bereit sind, im gleichen Maß zurückzugeben.

Sie müssen also akzeptieren …

- dass andere Sie tatsächlich verstehen und mögen könnten. Es könnte durchaus sein, dass Sie liebenswert sind und genügen.
- dass das Leben gewöhnlich ist und dass das völlig in Ordnung ist.
- dass es so etwas wie die perfekte Beziehung nicht gibt. Die Perfektion liegt darin, dass wir die Dinge so akzeptieren, wie sie sind, und versuchen können, sie zu verbessern.
- dass die meisten Menschen nicht so extrem viel Wert auf Authentizität legen wie Sie selbst.
- dass Sie wohl eher einige wenige, dafür aber bedeutende Freundschaften haben werden als viele oberflächliche soziale Kontakte.

Beziehungen *mit* der Vier

Die Vier braucht in ihren engeren Beziehungen Vertrauen und verlässliche Aufmerksamkeit. Sie wünscht sich von anderen, dass sie ihr authentisch begegnen – jeder Verdacht, hier würde etwas vorgetäuscht, kann ihr Vertrauen in die Beziehung zerstören.

Im Allgemeinen wird die Vier wenige enge Zweierbeziehungen einer Fülle von sozialen Kontakten vorziehen. Menschen, die vor der Intensität der Vier nicht zurückschrecken (oder sie sogar zu schätzen wissen) und angesichts der Sprunghaftigkeit gelassen bleiben, werden in Vierern wunderbare Freunde finden. Hier noch ein paar Dinge, die Sie nicht vergessen sollten:

- Scheuen Sie sich nicht, Vierern mitzuteilen, wenn Sie sich bedrängt fühlen, mehr zu sein oder zu geben, als Sie können.
- Vierer brauchen das Gefühl, einzigartig und authentisch zu sein. Das wird gelegentlich Kompromisse erfordern. Wenn Sie ehrlich mitteilen können, wie der Lebensstil der Vier sich auf Ihr Leben auswirkt, lässt sich mit der Unterschiedlichkeit umgehen.
- Vierer verlangen nach dem, was sie nicht haben können, aber mit diesem Verlangen können sie leben. Es ist nicht an Ihnen, hier etwas zu „reparieren".
- Sehr wichtig ist, es der Vier zu sagen, wenn ihre wechselnden Stimmungen Ihnen etwas ausmachen.
- Sagen Sie einer Vier nie: „Kopf hoch!" Meist ist die Vier gar nicht traurig oder deprimiert. Sie findet eine melancho-

lische Stimmung ganz in Ordnung. Aber vergessen Sie auch nicht: Es ist in Ordnung, wenn Sie heiter und unbeschwert sind.

- Wenn Sie lernen, einfach dazubleiben, wenn die Vier in ihren Stimmungen versinkt, machen Sie ihr ein großes Geschenk.
- Vierer mögen keine Vorwürfe (wie wohl keiner von uns). Sagen Sie ihnen also nicht, sie seien zu empfindlich oder würden überreagieren.
- Die Vier hat das Grundgefühl, sie sei nicht gut genug oder nicht geliebt. Und das müssen Sie akzeptieren. Versichern Sie der Vier, dass diese Gefühle echt sind, aber bestätigen Sie die Annahme möglichst nicht, auf der sie beruhen. Betonen Sie vielmehr, dass die Vier in Ihren Augen kompetenter, wertvoller und liebenswerter ist als sie sich selbst gerade erlebt.
- Am Arbeitsplatz sollten Sie klare Erwartungen benennen, die Vier selbstständig ihre Arbeit tun lassen, kreative Freiräume schaffen und ihre Stärken und Fähigkeiten anerkennen.
- Nehmen Sie es nicht persönlich, wenn Sie einen Wechsel von Ablehnung und Zuwendung erleben. Erlauben Sie der Vier, ihre Gefühle zu verarbeiten.

Die Fünf

Meine Zäune haben Tore

Ich hatte gerade den Drogeriemarkt betreten, als eine Voicemail von meiner Freundin Carolyn eintraf. „Hi, ich hatte gehofft, dich persönlich zu erwischen. Ich versuch's später noch mal. Hoffe, du hast einen guten Tag."

Carolyn und ich sind seit 48 Jahren eng befreundet, aber dass sie anruft, passiert nur selten. Sie arbeitet in unserem Gemeindezentrum, und wenn sie in Angelegenheiten anruft, die die Arbeit betreffen, hinterlässt sie detaillierte Nachrichten. Ich hörte mir die kurze Nachricht noch einmal an und war mir sicher: Irgendetwas stimmt nicht.

Carolyn ist zehn Jahre älter als ich. Wir haben uns kennengelernt, als ich auf dem College war, und dann haben wir fast fünfzehn Jahre lang zusammengearbeitet.

Als ich sie anrief, nahm sie nach dem ersten Läuten ab.

„Hey, ich hab deine Nachricht bekommen. Ist alles in Ordnung?"

„Na ja, weißt du, ich bin jetzt endlich beim Arzt gewesen. Die Ärztin hat mich zur Mammografie geschickt. Ein paar Tage später rief sie an, um mir zu sagen, ich solle einen weiteren Termin vereinbaren, es gäbe eine verdächtige Stelle. Die zweite Mammografie ergab sogar zwei verdächtige Stellen. Ich muss also noch mal hin, der Test sollte dann verlässlicher sein."

Carolyn war schon immer zurückhaltend mit Mitteilungen über persönliche Angelegenheiten. Meine Mutter war eine Fünf, und sie war genauso. Ich habe mich oft gefragt, ob das daran liegt, dass Fünfer sich nicht mit Gefühlen von anderen befassen wollen; sie haben genug damit zu tun, mit ihren eigenen zurechtzukommen. Meine Töchter und ich hören deshalb immer besonders genau hin, ob irgendetwas darauf hindeutet, dass in Carolyns Leben nicht alles im Lot ist.

Carolyn fuhr fort: „Ich wollte es dir und den Mädchen schon längst sagen. Aber als ich neulich mit Joey im Kino war, haben wir uns so gut amüsiert, dass ich nichts gesagt habe. Jenny habe ich es heute Morgen erzählt; also dachte ich, ich rufe dich mal an."

Diese Frau ist meine beste Freundin. Sie hat nie geheiratet. Sie hat zwar eine Schwester und Nichte und Neffen, aber für uns gehört sie zu *unserer* Familie. Ich wollte nicht, dass sie allein zu diesem dritten Test ging, *ich* wollte sie begleiten – ich bin ja auch eine Zwei. Also sagte ich: „Okay, pass auf, sobald ich zu Hause bin, schicke ich dir meinen Terminplan, dann kannst du den Untersuchungstermin so legen, dass ich dich begleiten kann."

Ich bemühe mich immer zu respektieren, dass sie mehr Raum für sich braucht und sich zurückziehen können muss, aber ich möchte andererseits nicht, dass sie mit schwierigen Situationen allein bleibt.

Manchmal ist es schon vorgekommen, dass Carolyn sich bedankt hat, wenn ich sie bei etwas begleitet habe. Aber in diesem Fall antwortete sie, sie käme gut allein zurecht und meine Unterstützung „spare ich mir auf für die Zeiten, in denen es mal wirklich ernst ist", wenn sie mich also *wirklich* mal brauchen würde. Ich erwiderte, ich sei durchaus in der Lage, sie diesmal *und* wenn es wirklich ernst ist zu unterstützen.

„Wirklich, du musst nicht mitkommen. Und jetzt muss ich arbeiten. Hab dich lieb, hab dich lieb, hab dich lieb!"

Mit dieser dreimaligen Wiederholung von „Hab dich lieb" hatte sie das Gespräch auf mich gelenkt. Ich sagte ihr, wie dankbar ich sei, dass es sie in meinem Leben gibt, und wanderte in den Drogeriemarkt.

Was ist hier los?

- Mit welcher Person in dieser Begebenheit identifizieren Sie sich? Warum?
- Wie würden Sie sich verhalten, wenn eine enge Freundin eine wichtige Untersuchung allein durchstehen will?
- Welche Lösung würde im Rahmen einer Freundschaft beiden gerecht werden?
- Wie erklärt das Enneagramm, was hier passiert?

Das Enneagramm zeigt uns, dass es neun ziemlich vorhersagbare Arten gibt, auf Krisen zu reagieren. Die Fünf bildet im Enneagramm die linke Seite der Angst-Triade. Fünfer bewältigen Angst, indem sie Information sammeln und ihr Wissen erweitern. Und wenn sie darüber sprechen, was sie erfahren haben, tun sie das wohlüberlegt und methodisch. Typisch für Fünfer ist, dass sie nicht alle Informationen preisgeben; Gefühle etwa teilen sie höchstens mit ein oder zwei Menschen. Sie steuern ihre Reaktionen durch das Denken. Einzigartig ist das Bedürfnis der Fünf nach Unabhängigkeit und einer ungestörten Privatsphäre. Aber die Grenzen der Fünf erlauben durchaus auch den Austausch von Persönlichem, allerdings nur nach den Spielregeln, die die Fünf aufstellt.

Von Carolyn, meiner Mutter und anderen Fünfern habe ich gelernt, dass die Fünf den Großteil ihrer Gefühle zunächst in Gedanken übersetzt, bevor sie sie mitteilt. Es ist nicht so, dass Fünfer keine Gefühle hätten; aber sie haben Mühe, sie lange genug zu empfinden, um sie zu artikulieren und mitzuteilen. Ich als Zwei kultiviere Gefühle. Ich schreibe in meinem Tagebuch darüber, rede darüber, verbinde sie mit Gefühlen, die ich früher schon hatte, und bleibe im Kontakt mit ihnen. Aber in meiner Freundschaft mit Carolyn besteht die Lösung nicht darin, dass wir uns in der Mitte treffen. Das ist unrealistisch und würde weder echt aussehen noch sich so anfühlen. Für uns liegt die Herausforderung darin, uns gegenseitig den Spielraum zu geben, unser Leben auf unsere je eigene Weise zu leben, Unterschiede bestehen zu lassen und die Bedürfnisse der anderen zu respektieren.

Die Welt der Fünf

Die Fünf fragt in jeder Lebenslage: Was *denke* ich dazu? Im Rahmen einer Moderation ist das eine fantastische Reaktion. Aber das Leben präsentiert sich uns auch auf Weisen, die nicht nur Denken, sondern auch *Fühlen* und *Handeln* erfordern. Im Verein mit Sechsern und Siebenern bewältigen Fünfer alles in ihrem Kopf. Sie ziehen das konvergierende Denken, das zu einer korrekten Antwort führt, dem divergierenden Denken vor, das auch kreative Ideen zulässt, indem man viele mögliche Quellen anzapft.

Das Leben der Fünf ist gut geplant; mit Spontaneität kann sie nicht so gut und findet sie auch nicht erstrebenswert. Meist haben Fünfer einen vorhersehbaren Tagesablauf, immer denselben Arbeitsweg, den sie nur ändern, wenn es nicht zu umgehen ist, und einen sorgfältig geführten Kalender. Ein normaler Morgen im Leben einer Fünf könnte so aussehen: aufstehen und Zähne putzen, auf dem Weg zur Küche die Jalousien hochziehen, Kaffee anstellen, an der Tür die Zeitung holen, Kaffee einschenken und einen Toast machen, beim Essen die Zeitung überfliegen, duschen, Bett machen, anziehen und los zur Arbeit, und zwar jeden Tag immer um ungefähr dieselbe Zeit. Es lässt sich leicht vorstellen, wie schwierig es ist, in einem solchen Tagesablauf andere Menschen und deren Bedürfnisse unterzubringen.

Beziehungen sind für die Fünf riskant. Meine Freundin Nita Andrews, eine Fünf mit Viererflügel, erklärt das so: „Die Fünf ist auf das begrenzte Risiko aus. Und dann erforscht sie das Terrain. Und dann erforscht sie es noch einmal. Ich weiß nicht, ob das angeboren oder anerzogen ist. Ich weiß nicht, was zuerst da war, aber ich war ein einsames Kind. Unter einem Flügel zu hocken und von unten auf die Hämmerchen zu schauen – diese kleinen, systematisch angeordneten cremefarbenen Filzpolster –, war für mich irgendwie tröstlich. Als Kind habe ich unter dem Flügel gelebt – mit einer Lampe, einem Buch, im Frieden. Aber unter einem Flügel gibt es nur Platz für eine Person."

Die Fünf dazu zu bringen, aus dieser Sicherheitszone herauszutreten, ist nicht so einfach. Wenn Sie also Zeit mit einer Fünf verbringen möchten, werden Sie sie normalerweise darum bitten müssen. Eine normale Fünf wird, bevor sie antwortet, zuerst sorgfältig abschätzen, wie ernst diese Anfrage gemeint ist und wie viel Zeit und Energie es sie kosten wird, wenn sie Ja sagt.

> Das Enneagramm sagt uns nicht nur, wer wir sind – es sagt uns auch, wer wir sein können.

Von Menschen, die zur Gefühlstriade gehören – Zweier, Dreier und Vierer –, wird die Fünf oft missverstanden. Gefühlstypen verstehen nicht, dass jemand Beziehungen nach Zeit- und Krafteinsatz bewertet. Für Gefühlstypen ergeben sich Beziehungen ganz von selbst; aber das gilt nicht unbedingt auch für Denktypen. Und für die Fünf schon gar nicht.

Fünfer tun gut daran, anderen zu erklären, wie sie die Welt erleben. In einer beginnenden Beziehung sollten sie schon recht bald darüber sprechen, was sie brauchen. Andere werden lernen müssen, dass es für eine Fünf ein Muss ist, Zeit für sich selbst zu haben. Das ist die Voraussetzung dafür, dass sie dann auch gern sich selbst und ihre Begabungen der Welt zur Verfügung stellt.

Unabhängigkeit, Privatsphäre und Selbstschutz. Jeder von uns vermeidet irgendetwas. Die Fünf vermeidet Abhängigkeit von anderen. Unabhängigkeit wird von der Fünf tatsächlich überbewertet. Und so wird es ihr zur zweiten Natur, Grenzen zu setzen und diese auch zu schützen.

Weil Fünfern Unabhängigkeit und Für-sich-Sein so viel bedeutet, haben sie nur begrenzte Kapazitäten für den Kontakt zu anderen. In Beziehungen ist das ein nicht zu unterschätzendes Problem. Denn es bedeutet, dass auch Fünfer selbst ihre Mühe damit haben, dass ihre Kraft für Beziehungen begrenzt ist. Das kann besonders den Beginn einer Beziehung recht kompliziert machen.

Erinnern wir uns: Die Acht verfügt über mehr Energie als jeder andere Enneagramm-Typ. Die Neun steht am anderen Ende des Spektrums. Für die Fünf gilt: Sie hat für jeden Tag nur ein bestimmtes Energiekontingent zur Verfügung, und wenn das aufgebraucht ist, dann ist es eben so. So ähnlich wie beim Manna, der Nahrung, die den Israeliten auf ihrem Zug durch die Wüste gegeben wurde: Sie bekamen genug für jeden Tag, aber Vorräte für den nächsten zu sammeln war nicht möglich.

Fünfer glauben, Unabhängigkeit sei der Schlüssel dazu, mit ihrem Mangel an Energie zurechtzukommen. Darin liegt eine gewisse Ironie. Denn die wahre Lösung liegt in Beziehungen – echten, authentischen Beziehungen –, aber das setzt ein Verständnis von Beziehungen voraus, das die meisten Fünfer nicht vor der Lebensmitte erreicht haben. Ein Grund, warum Fünfer sich nicht gern helfen lassen: Sie finden Gespräche anstrengend. Ältere Fünfer sagen mir, sie wünschten, es wäre leichter, mit anderen Menschen im Gespräch zu sein. Und dass sie das Gefühl haben, vieles im Leben verpasst zu haben, weil sie eben auch das Alleinsein brauchen und Raum haben müssen, ihre Gedanken und Gefühle erst einmal für sich zu verarbeiten.

Kein Problem für Fünfer sind Gespräche über Äußerlichkeiten: den Wohnort, den Beruf, das Wetter und den Sport. Aber wenn man eine Fünf nach ihrem persönlichen Leben oder ihrer Meinung zu einem aktuellen oder auch kontroversen Thema fragt, hält sie sich eher bedeckt. Erst neulich hat eine Fünf zu mir gesagt: „Ich erzähle meine Gedanken oder meine Geschichte nicht jedem x-Beliebigen. Ich habe doch auch noch eine Privatsphäre.“ Etwas aus dem persönlichen Leben mitzuteilen kostet die Fünf Kraft und könnte zu Nachfragen führen. Und das erlebt die Fünf als erschöpfend.

Fünfer sind begabte Zuhörer, weil sie an allem und jedem Interesse haben und gleichzeitig nicht im Mittelpunkt stehen müssen.

Fünfer haben etliche Methoden – intuitive und bewusst gesteuerte –, um ihre Privatsphäre und ihre Unabhängigkeit zu wahren. Eine Fünf hat mir bewusst gemacht, dass es für sie wichtig ist, unterschiedliche Lebensbereiche voneinander abzugrenzen. „Ich wäre eher zurückhaltend, meine Arbeitskollegen mit meinen Freunden aus der Gemeinde zusammen einzuladen. Die Leute vom Fitnessstudio habe ich auch noch nie in meine Familie eingeladen. All diese Menschen kennen jeweils eine andere Seite von mir. Und das gefällt mir.“

Aber es kann eine Beziehung sehr herausfordern, wenn einer der Partner ein starkes Bedürfnis nach Unabhängigkeit und nach Raum und Zeit für sich selbst hat. Beides hat seinen Wert, aber zu viel davon wird zum Problem.

Geiz. Okay, diesen Begriff verwenden wir nicht jeden Tag. Im allgemeinen Sprachgebrauch ist *Geiz* verwandt mit Pfennigfuchserei und übertriebener Sparsamkeit. Aber als Wurzelsünde der Fünf meint Geiz hier etwas anderes. Die Fünf glaubt, sie hätte nicht genügend innere Ressourcen, um dem Leben zu begegnen. Und das betrifft auch ihre Beziehungen. Der Geiz oder die Habsucht der Fünf bezieht sich auf ihre Unabhängigkeit und ihre Privatsphäre.

Vom Enneagramm wissen wir, dass unsere Wurzelsünden oder Leidenschaften uns den Weg zu den Dingen weisen, die wir lernen müssen. Viele Beziehungen gründen auf einem Austausch von Ideen oder Kenntnissen. Und einige unserer engsten Freundschaften sind das Ergebnis davon, dass wir ein Bedürfnis verspüren und zulassen, dass ein anderer es stillt. So erklärt sich folgendes Problem der Fünf: Sie ist so unbedingt entschlossen, allein für sich selbst zu sorgen, dass ihre Fähigkeit darunter leidet, mit anderen enge Beziehungen zu führen. Es kommt den Beziehungen der Fünf zugute, wenn sie auch auf Lösungen oder Ansichten hören kann, die nicht ihre eigenen sind, und wenn sie Hilfe annehmen kann, die andere ihr anbieten.

Die Fünf betrachtet das Leben durch die Brille des Mangels: Sie geizt mit ihren eigenen Ressourcen, damit sie nie irgendjemandem mit ihren Bedürfnissen zur Last fällt. Aber diese Grundhaltung macht es schwer, Beziehungen mit ihr zu führen. Die Vorstellung, die eigenen Bedürfnisse wären für die Menschen, die sie lieben und sich um sie sorgen, ein Problem, ist schlicht und einfach nicht wahr. Die Verletzlichkeit, die in unserer Bedürftigkeit liegt, ist ein Weg, auf dem wir Liebe lernen. Aber das darf keine Einbahnstraße sein.

Distanz zum eigenen Handeln. Ebenso wie Vierer und Neuner sind Fünfer sich durchaus bewusst, wenn eine Situation aktives Handeln erfordert. Aber sie sind oft blind für die Möglichkeit, dass sie selbst es sind, die jetzt handeln sollten. Sie fragen sich vielleicht, was passiert ist; sie analysieren verschiedene Lösungswege oder geben ihre Ideen dazu weiter, aber sie ergreifen nur selten die Initiative, selbst etwas zu *tun*. Eine Folge dieses Mangels an Initiative ist, dass sie ihre eigenen Möglichkeiten beschneiden, die Welt zu verändern. Sie stecken in einem Teufelskreis fest: Fünfer glauben, sie hätten der Welt nichts Wichtiges zu geben, auf sie käme es nicht an, weder im Prozess einer Entscheidung noch im Ergebnis. Und so werden sie nicht aktiv. Diese Inaktivität bewirkt natürlich nichts und das bestärkt sie in ihrem Irrglauben, sie hätten keine Macht, irgendetwas zu verändern.

Dieses Denken hat allerdings gravierende Auswirkungen auf Beziehungen. Denn es bedeutet, dass die Fünf sehr oft keinen Beitrag in der Beziehung leistet und ihre Verantwortung in Familie und Job gar nicht sieht. Noch grundsätzlicher bedeutet es, dass die Fünf in Situationen, wenn der Partner oder die Freundin sie bräuchte, unfähig oder nicht bereit ist, sich für den anderen einzusetzen.

Stresspunkt und Trostpunkt. Der Songwriter und Sänger Michael Gungor – eine Fünf – sagt: „Beim Enneagramm geht es nicht darum, Menschen in Schubladen einzusortieren. Eher darum, Menschen zu sagen: Dies ist die Sphäre, in der du dich bewegst. Und du kannst sehen, wie Stress sich auf dich auswirkt. Und ebenso kannst du mögliche Hinweise erkennen, was du tun könntest, um weniger Stress zu haben. Gerade im Blick auf Beziehungen ist das sehr hilfreich.“[9] Mir gefällt seine Formulierung „die Sphäre, in der du dich bewegst“, denn sie beschreibt die innere Dynamik des Enneagramms, das eben kein statisches System ist.

Was Fünfer am Enneagramm schätzen, ist die Bestimmung von Stresspunkt und Trostpunkt. Die gestresste Fünf bewegt sich in Richtung der Sieben, die Trostrichtung dagegen ist die Acht. Ganz ehrlich würde ich sagen: Diese Bewegungsrichtung gehört zum Seltsamsten am Enneagramm. Und in Beziehungen führt sie, wenn sie nicht verstanden wird, zu großen Problemen.

Extreme Fünfer erleben, dass ihre Welt immer mehr zusammenschrumpft. Sie nehmen weniger Anteil am Ergehen ihrer

Mitmenschen und sind in Gefahr, sich nur um ihre eigenen Angelegenheiten und um ihr übermäßiges Bedürfnis nach Rückzug und Sicherheit zu kümmern. Und wenn die Welt der Fünf schrumpft, dann gibt es darin keinen Raum mehr für andere.

Eine meiner Studentinnen – eine Fünf – sagte: „Wenn mir etwas zu viel wird, etwa in emotionalen oder angespannten Situationen, dann tauche ich einfach ab." Aber für die Fünf kann es notwendig sein, dieser Tendenz immer wieder zu widerstehen, wenn ihre Freundschaften nicht darunter leiden sollen.

Die gestresste Fünf übernimmt intuitiv einige Verhaltensweisen der Sieben. Und das bedeutet einen ziemlichen Wandel, denn meist ist die Fünf eher befangen und in sich gekehrt. Wenn die Fünf lernt, in Situationen mit Stress und Überforderung auf die gesunde Seite der Sieben abzuzielen, kann sie die Freiheit finden, auch andere Meinungen als möglichen Weg nach vorn anzuerkennen. Wenn die Fünf sich auf die Außenwelt fokussiert, ist sie weniger gebremst, kann das Leben mehr genießen und fühlt sich in Gesellschaft mehr zu Hause.

Fünfer verfügen häufig über das, was man „trockenen Humor" nennt. Manchmal ist dieser Humor aber auch zynisch oder sarkastisch und führt zu Missverständnissen, vor allem mit Gefühlstypen. Unter dem Einfluss der Sieben allerdings mildert sich die Spitze dieses Humors ab und ermöglicht Kontakt zu anderen.

Im Rahmen einer Beziehung sollte es möglich sein, dass eine sichere Fünf den Raum der Acht für sich entdeckt. Fünfer mit Zugang zum Verhaltensspektrum der Acht sind spontaner und mitteilungsfreudiger, haben besseren Kontakt zu ihren Gefühlen und weniger Angst davor, aktiv zu werden. Das Leben und die Beziehungen bieten mehr Vielfalt, wenn die Fünf etwas von der Energie der Acht erlebt. Dann investieren Fünfer mehr in andere und bekommen auch mehr zurück. Und so widerlegen sie selbst den Mythos, dass es anstrengend und gefährlich ist, etwas von sich zu geben und Verbundenheit mit anderen zu erleben.

Fünfer sind leicht zufrieden mit dem Status quo. Sie vermeiden Veränderungen und Risiken. Und ihre Angst und ihre begrenzte Energie bewältigen sie, indem sie sich möglichst wenig mit der Außenwelt einlassen. Aber diese Grundsatzentscheidungen begrenzen zugleich ihre Chancen darauf, auf die Energie der Sieben und der Acht zugreifen zu können. Und das ist nicht nur ein Verlust für die Fünf, sondern auch für ihre Beziehungen. Fünfer, die sich auf mehr Spontaneität und ein wenig mehr Risiko einlassen können, erleben, dass sich das auszahlt – für sie selbst und für andere. Für jeden Enneagramm-Typ gilt: Es kommt den Beziehungen zugute, wenn man sich in Richtung des Stresspunkts bewegt und entwickelt. Aber für die Fünf gilt das in ganz besonderer Weise.

Die Fünf und die anderen

Grenzen in Beziehungen

Es wäre nicht zutreffend zu sagen, Fünfer bräuchten und wollten keine Beziehungen. Sie brauchen Menschen ebenso wie alle anderen. Aber Fünfer fühlen sich am wohlsten, wenn sie

Eins: Fünfer haben Mühe mit dem Perfektionismus der Eins – Kritik von Einsern weckt in der Fünf oft ein Gefühl von Inkompetenz. Aber die Maßstäbe der Eins spiegeln keineswegs die tatsächliche Kompetenz der Fünf. Und von der Objektivität der Fünf kann die Eins profitieren.

Zwei: Wirklich schwer tut sich die Fünf mit den überschwänglichen Zuneigungsbekundungen der Zwei. In den Augen der Fünf ist das reine Energieverschwendung. Aber Zweier sind für die Fünf gute Vorbilder im Hinblick auf Beziehungen – sie können anderen helfen, sich erwünscht und zu Hause zu fühlen. Die Zwei wiederum kann von der Fünf lernen, persönliche Grenzen anderer zu respektieren.

Drei: Die Drei ist vor allem mit ihrem eigenen Leben beschäftigt; sie verlangt der Fünf daher nicht allzu viel ab. Allerdings kreist die Drei viel um ihr Image und darum, was andere wohl von ihr halten – etwas, was Fünfern meist recht gleichgültig ist. Die Fünf kann der Drei das Geschenk machen zu verstehen, dass auch Rückzug seinen Wert hat.

Vier: Von allen Typen im Enneagramm ist die Vier die vielleicht größte Herausforderung für die Fünf, denn sie ist in vieler Hinsicht geradezu ihr Gegenpart. Aber wenn die Fünf einen Viererflügel entwickelt, wird sie feststellen, dass eine Verbindung von Kopf und Herz in Beziehungen ein echter Gewinn ist.

Fünf: Beziehungen zwischen Fünfern sind unkompliziert; beide fühlen sich darin wohl. Aber es kann sein, dass das, was beide verbindet, ausschließlich das Denken ist. Hier liegt die Herausforderung darin, sich umfassend zu entwickeln und einzusetzen – mit Denken, Fühlen und Handeln.

Sechs: Die Loyalität der Sechs ist ein Geschenk für die Fünf. Aber die soziale Unbeholfenheit der Fünf kann durch eine Sechs verstärkt werden, die sich auf unvertrautem Terrain befindet. Ein für beide gewinnbringender Austausch wäre es, wenn die Fünf den unbegründeten Ängsten der Sechs rational begegnet und die Sechs Lösungsvorschläge für Situationen entwickeln lässt, in denen sie Angst empfindet.

Sieben und Acht: Mit beiden verbindet die Fünf im Enneagramm eine Linie. Die Acht kann von der Fünf lernen, dass es Sinn hat, sich zurückzuziehen, zu beobachten, nachzudenken und dann wieder den Kontakt zu suchen. Der Sieben bietet die Fünf die Chance, einen Aus-

einen oder zwei enge Freunde haben, die nicht zur Familie gehören. Ja, nicht selten empfinden sie andere Menschen als zudringlich.

Vor Jahren, als unsere Kinder noch klein waren, sind wir einmal mit Carolyn zum Campen gefahren. Auf dem Rückweg fiel mir auf, dass Carolyn müde und nachdenklich aussah. Ich fragte, was sie gerade beschäftige.

Sie sagte: „Ehrlich gesagt habe ich gerade gedacht, wie sehr ich mich darauf freue, wieder zu Hause und allein zu sein." Ich glaube, wie alle anderen Menschen kennen auch Fünfer Einsamkeit, aber ich glaube auch, dass ihr Bedürfnis nach Nähe sehr viel schneller gestillt ist als das anderer Typen.

Es ist hilfreich, im Blick zu behalten, dass Fünfer sich entscheiden müssen, die Beobachtungsposition zu verlassen und am Geschehen teilzuhaben. Ein befreundeter Pastor sagt: „Als hauptamtlicher Geistlicher besteht meine Herausforderung darin, wie ich lernen kann, Dinge anzustoßen und mich auf die Realität einzulassen. In meiner zweiten Lebenshälfte hat man mich nun schon ein paarmal für einen extrovertierten Menschen gehalten – was ich nicht bin. Ich glaube, ich habe mittlerweile gelernt, ‚auf Sendung' und präsent zu sein. Die meisten Menschen ahnen nicht, dass ich mich danach immer davon erholen muss – am nächsten Tag muss ich einfach allein sein, um meine Batterien wieder aufzuladen."

Für Fünfer hat das Zusammensein mit anderen einen hohen Preis. Es ist durchaus nicht ungewöhnlich, dass sie einen ganzen Tag für sich allein brauchen, wenn sie Begegnungen und Einsatz für andere hinter sich haben. Und diese Zeit dient nicht nur einem Zweck. Fünfer sind systematische Denker und brauchen Zeit, um ihre jüngsten Erfahrungen mit dem abzugleichen, was sie bereits als wahr erkannt haben.

Meine Freundin Carolyn ist in der Regel nicht begeistert, wenn es um irgendein soziales Event geht. Aber wenn sie dann einmal da ist, genießt sie es meistens doch. Ich habe sie gefragt, wie das geht. „Ich habe einen magischen Schutzschirm", hat sie gesagt. „Und wenn ich mich zu unwohl fühle, dann ziehe ich mich dahinter zurück."

gleich zwischen Engagement und Beobachtung zu finden. Umgekehrt findet die Fünf bei der Sieben eine Unbeschwertheit, die sie davor bewahren kann, sich selbst zu ernst zu nehmen. Und die Acht hilft der Fünf zu erkennen, was sie möchte oder will.

NEUN: Neuner sind für die Fünf herausfordernd, wenn sie nicht einfach dem zustimmen, was die Fünf denkt. Aber der Fünf tut das gut. Neuner schwafeln vielleicht manchmal herum, aber in wichtigen Fragen haben sie ihre eigene Meinung. Und eine Gabe der Neun für die Fünf ist es, dass die Neun die Fünf nicht unter Druck setzt, etwas tun zu müssen, was sie gar nicht will.

Ich schätze dieses Bild und verstehe, dass es Carolyn erlaubt, Zugehörigkeit zu erfahren, ohne zu viel kostbare Kraft zu investieren. Aber ich war doch neugierig, wie dieser Schutzschirm wirkt. Also beschloss ich, ein Experiment zu machen: Ich lud Carolyn zu einem Essen in unserer Gemeinde ein und sagte ihr, sie solle mit ihrem Schutzschirm zum Essen kommen, irgendetwas dazu

Die Verhaltensweisen, die uns unter Stress oder in der Entspannung zur Verfügung stehen, können wir in unser Leben als Ganzes integrieren.

beisteuern, mit ein paar Leuten zusammensitzen und essen und dann wieder gehen. Und ich würde dann die anderen fragen, ob irgendjemand sie bemerkt hätte. Sie kam, sie ging, ich fragte. Und nicht ein einziger der Anwesenden hatte sie bemerkt. Noch nicht einmal die, die beim Essen neben ihr gesessen hatten.

Seitdem bin ich aufmerksamer, wenn mich Menschen auf Veranstaltungen ansprechen, von denen ich mich nicht erinnern kann, sie im Publikum gesehen zu haben. Das sind dann fast immer Fünfer. Es hat den Anschein, als könnten Fünfer sich in jeder Gruppe verstecken, ob sie nun aus sieben oder siebenhundert Menschen besteht.

Aber die Fünf, die sich versteckt, verpasst etwas. Und andere verpassen etwas, wenn sie die Fünfer übersehen. Sich zu zeigen erfordert für die Fünf Mut – sehr viel mehr als für jeden andern Enneagramm-Typ. Das, wofür die meisten von uns locker genug Energie haben, geht der Fünf an die Substanz. Und dennoch: Fünfer sollten es riskieren, gesehen und gekannt zu werden. Ganz sicher werden sie feststellen, dass der gegenseitige Gewinn in ihren Beziehungen die Kosten bei Weitem übersteigt.

Gemeinsam unterwegs

Kenny ist anglikanischer Priester und ein Freund unserer Familie. Er beschreibt, wie schön es war, in Oklahoma aufzuwachsen: „Eines der größten Geschenke, das meine Eltern mir als Kind gemacht haben, war das Literaturlexikon *The World Book Encyclopedia.* Ich wachte morgens auf, wählte einen Buchstaben und las den entsprechenden Artikel. Für mich war es eine ästhetische Erfahrung – es machte mir Freude. Da war so ein Gefühl von Verbundenheit, eine Art innere Schönheit, die mich anzog. Später, als ich in der Mittelstufe war, schenkte meine Mutter mir ein Chemie-Experimentier-Set. Ich ging in die Bibliothek und lieh mir Bücher über chemische Experimente aus. Mein Dad arbeitete in der Ölindustrie in Bartlesville, und er brachte mir immer mal irgendwelche gebrauchten chemischen Geräte mit. Ich hatte mein eigenes Chemielabor in unserer Garage – das war fantastisch!"

Ich glaubte schon, sein Bericht sei zu Ende, als Kenny noch ergänzte: „Oh, und ich habe an Tankstellen Landkarten gesammelt."

Kenny malt ein charmantes Bild seiner Kindheit als intelligenter und introvertierter Fünfertyp. Aber es ist wichtig, auch zu sehen, dass Introvertiertheit etwas anderes ist als Unnahbarkeit. Fünfer verfügen über ungeahnte Möglichkeiten, erfrischende Aspekte in Situation oder Beziehung zu bringen. Ihr Unabhängigkeitsbedürfnis lässt sie vielleicht spröde erscheinen, aber in diesen Zäunen gibt es Tore.

Beziehungen *für* die Fünf

Das Enneagramm besagt, dass die Fünf der einzige unter den Typen ist, die die Fähigkeit besitzt, wirklich neutral zu sein. Das ist eine Gabe, die Fünfer den anderen anzubieten haben. Aber hier noch ein paar Dinge, die Fünfer beherzigen sollten:

Sie können ...

- es überleben, dass man Sie sieht und erkennt, auch wenn Sie nicht darauf eingestellt sind.
- dauerhafte Freundschaften leben, in denen Sie die tröstliche und belebende Erfahrung machen dazuzugehören.
- das richtige Maß finden, wie Sie sich engagieren können, ohne Ihren Energievorrat völlig zu verbrauchen.
- in einer intimen Beziehung leben, ohne mehr zu riskieren, als Sie ertragen können.

Aber Sie können nicht ...

- leben, ohne Hilfe von anderen anzunehmen.
- in allen Lebensbereichen gleich kompetent sein. Dass man Dinge lernen muss, ist kein Zeichen von Inkompetenz, sondern von Unerfahrenheit.
- tragfähige Beziehungen leben, ohne etwas von Ihrer Zeit und Ihrem Raum für sich selbst zu riskieren, und ohne Zuneigung zu geben und anzunehmen.
- alles wissen.

Sie müssen also akzeptieren …

- dass Beziehungen etwas von Ihnen fordern, je nach Lebensabschnitt mehr oder weniger. In der Lebensmitte werden Sie vermutlich mehr geben müssen als im letzten Drittel des Lebens. Und weil es in dieser Welt die Gnade gibt, werden Sie auch bekommen, was Sie brauchen.

- dass Denken Ihnen mehr bedeutet als Fühlen oder Handeln, aber dass das für viele andere nicht gilt. Wenn Sie Beziehungen zu anderen leben wollen, werden Sie daran arbeiten müssen, Ihren „Denküberhang" mit Emotion und Zuneigung auszugleichen.

- dass die Außenwelt einen Wert hat, der das Ansammeln von Informationen bei Weitem übertrifft.

- dass Sie Beziehungen nicht immer zu Ihren Bedingungen bekommen können – die Bedürfnisse der anderen sind ebenso real und ausgeprägt wie Ihre eigenen.

Beziehungen *mit* der Fünf

Fünfer beurteilen die Ereignisse des Lebens danach, wie viel sie sie kosten – an Geld, Kraft, Zeit und Zuneigung. Fünfer wissen meist nicht, was sie zu geben haben, deshalb halten sie sich zurück. Wenn Sie das im Blick behalten, können Sie die Fünf wissen lassen, dass Sie es bemerken, wenn sie ungefragt etwas gibt. In Beziehungen mit einer Fünf sollten Sie die folgenden Dinge beachten:

- Formulieren Sie deutlich, was Sie wollen und was Sie brauchen, aber stellen Sie keine Ansprüche.
- Machen Sie sich klar, dass Fünfer in Gesprächen nicht unbedingt auf Anspielungen und Andeutungen eingehen.
- Seien Sie offen und direkt, aber machen Sie nicht unnötig viele Worte.
- Wenn es ein Problem zwischen Ihnen gibt, vereinbaren Sie einen Zeitpunkt, um darüber zu reden. Geben Sie der Fünf Zeit, über Ihr Anliegen nachzudenken. Und begrenzen Sie die Dauer des Gesprächs. Sie könnten etwa sagen: „Ich möchte dir sagen, was ich mir wünsche, und du kannst mir sagen, ob du es mir geben kannst oder nicht."
- Drängen Sie die Fünf nie dazu, geselliger zu sein. Das muss sie von sich aus wollen; Druck hilft hier gar nichts.
- Fünfer haben es nicht leicht, ihren Platz im augenblicklichen Geschehen zu finden. Sie können helfen, indem Sie etwa sagen: „Möchtest du dich zu uns setzen? Wir haben noch einen Stuhl frei."

- Wenn Sie eine Fünf nach ihren Gefühlen fragen, wird sie Ihnen sagen, was sie denkt. Um auf die Gefühlsebene zu kommen, müssen Sie beharrlich sein.

- Die größte Angst der Fünf ist es, inkompetent oder unzulänglich zu sein. Und um darüber zu sprechen, gibt es vermutlich nie einen geeigneten Zeitpunkt.

- Für Fünfer ist es sehr wichtig zu wissen, was man von ihnen erwartet. Sie brauchen die Einzelheiten.

- Fünfer haben das starke Bedürfnis, ihr Leben so zu gestalten, dass sie nie von irgendjemandem abhängig sind. Wenn sie in eine Situation geraten, in der sie Ihre Hilfe brauchen, sollten Sie diese so unaufdringlich und mit so wenigen Worten wie möglich anbieten.

Die Sechs

Hinterfrage alles

Zwei meiner Lieblingsmusiker und Lieblingsmenschen sind Sechser. Auf den ersten Blick scheinen sie sich ähnlich zu sein, aber Jill und Dana sind tatsächlich grundverschieden. Jill lebt mit ihrem Mann, auch Musiker, und drei tollen Kindern in Nashville.

Ich erinnere mich, wie wir eines Nachmittags in ihrem Wintergarten Kaffee tranken und sie mir beschrieb, wie es ist, als Musikerin und als Sechs in einer Stadt wie Nashville zu leben und zu arbeiten. „Die Leute hier haben eine Vision. Jeder hat *sein Ding,* das er betreibt. Als Sechs in Nashville zu leben ist gut für mich, denn ich brauche das nicht – ich brauche keine eigene Vision. Ich bin ganz zufrieden, wenn ich mitlaufen und andere dabei unterstützen kann, ihre Vision umzusetzen. Und wenn ich danach dann von der Bühne abgehe, bin ich superglücklich.

Es gibt ein Zitat von David Wilcox, das meinem Mann und mir im Lauf der Zeit immer mehr aus der Seele spricht: ‚Wenn du in ein Popkonzert gehst, wollen die auf der Bühne dich davon überzeugen, dass sie etwas Besonderes sind, anders als alle anderen. Folk-Musiker dagegen wollen jeden davon überzeugen, dass wir alle gleich sind.‘ Und das ist schon immer auch unsere Haltung gewesen. Wir sind genau wie alle anderen. Wir sind nichts Besonderes, wir sind nicht anders, wir sind genau wie du. Wenn ich von der Bühne gehe, will ich daher nicht, dass die Leute denken, ich wäre fantastisch oder bewundernswert. Ich möchte in der Lage sein, mit ihnen über ihr Leben und ihre Kinder zu reden und von meinem Leben erzählen. Ich möchte einfach nur, dass sie wissen, ich bin genau wie sie."[10]

Jills Haltung ist völlig anders als die von Dana. Dana arbeitet in einer großen Gemeinde in Dallas; sie ist dort zuständig für Musik und Kunst und arbeitet mit Menschen jeden Alters im Chor und in der Theatergruppe. Als ich Dana fragte, warum sie diese Leitungsaufgabe angenommen hat, strahlte sie mich an und antwortete wie aus der Pistole geschossen, dass das schon in der Highschool „ihr Ding" gewesen sei. Der Chorleiter hat sie ermutigt, ihre Begabung auszubauen, und Dana war erstaunt, was sie dabei entdeckte.

„Ich habe schon bald festgestellt, wie viel Freude es mir machte, anderen zu helfen, dass sie ihre Stimme finden, oder wenn ich helfen konnte, dass der Chor besser zusammenklang. Ich entdeckte auch, dass ich das erreichen konnte, weil ich Probleme rasch erkennen und meist auch lösen konnte. Und ich war die Leiterin, daher konnte ich bestimmen, unter welchen Bedingungen wir übten – ganz wörtlich. Ich sorge für die richtige Raumtemperatur und dafür, dass Stühle und Beleuchtung so sind, wie sie sein sollten. Ich sorge dafür, dass die Noten bereitliegen, dass der Probenplan fertig ist und jeder ihn kennt und dass das Repertoire für den Chor passend ist. Und außerdem – und das ist sehr wichtig – schaffe ich ganz bewusst einen Atmosphäre, in der sich jeder willkommen fühlt und Teamwork und Respekt zählen."

Diese beiden Frauen, beide Künstlerinnen, die auf der Bühne stehen, und beide derselbe Enneagramm-Typ, unterscheiden sich doch auf subtile Arten, die aber bezeichnend sind.

Was ist hier los?

- Mit welcher der beiden identifizieren Sie sich mehr – mit Jill oder mit Dana? Warum?
- Schauen Sie noch einmal auf David Wilcocks Zitat über Pop- und Folk-Musiker. Wem fühlen Sie sich mehr verbunden – Pop- oder Folk-Musikern? Warum?
- Nehmen wir einmal an, musikalisches Talent sei Ihnen gegeben. Was würden Sie in Danas Chor genießen? Was würde Sie stören?
- Wie würden Sie die Unterschiede zwischen Jill und Dana aufgrund ihrer eigenen Äußerungen beschreiben?

Die Sechs ist die einzige Zahl im Enneagramm, bei der noch einmal zwei Untertypen unterschieden werden können. Die Unterscheidung hat damit zu tun, wie jemand auf Angst oder Sorge reagiert; nach dem Enneagramm die Wurzelsünde der Sechs. Als Reaktion auf Angst ist die Hauptmotivation der Sechs, sich sicher zu *fühlen* und geschützt zu *sein*.

Die Welt der Sechs

Die beiden Untertypen der Sechs unterscheiden sich in der Art und Weise, wie sie Angst bewältigen. Jill ist eine *phobische* Sechs. Sie ist gern Teil eines größeren Ganzen, sie konzentriert sich mehr auf die Gemeinsamkeiten als auf die Unterschiede zwischen Menschen. Sie knüpft Beziehungen aufgrund gemeinsamer Interessen, sie spielt alles herunter, was sie aus der Masse hervorheben würde, und sie ist immer nett im Umgang mit anderen – egal, mit wem. Jill mag Strukturen, die ihr vertraut sind, und Regeln, die jemand anders gemacht hat und die erwiesenermaßen bewährt und gültig sind.

Dana ist eine *kontraphobische* Sechs. Sie gibt anderen gern Sicherheit, indem sie Strukturen schafft, in denen Menschen sich begegnen und geborgen fühlen können. Sie denkt an jedes Detail, sie übernimmt gern die Leitung und hat eher die Unterschiede als die Gemeinsamkeiten im Blick. Sie knüpft Beziehungen mit und unter Menschen, indem sie ihnen hilft zusammenzuarbeiten. Und sie schafft gezielt und bewusst eine Gemeinschaft, in der jeder weiß, „wie, was und warum wir tun, was wir tun". In Gruppen geht sie nicht in der Masse unter und sie findet immer einen guten Weg, anderen zu begegnen – egal, wer das jeweils ist.

Sechser sind stärker in Gruppenaktivitäten involviert als jeder andere Enneagramm-Typ. Von allen neun Persönlichkeitstypen sind sie am meisten um das Allgemeinwohl besorgt. Sie sind der Klebstoff, der all die Organisationen zusammenhält, denen wir angehören – sie nehmen kleinere Konflikte nicht zum Anlass auszusteigen, und sie hüpfen nicht von einer Gruppe zur nächsten. Sechser sind loyal, immer bemüht, ihren Teil beizutragen, und sie möchten zu etwas gehören, das größer ist als sie selbst.

Jill und Dana sind beide Menschen, die Gemeinschaft stiften. Als Sechser liegt ihnen daran, einen offenen Raum und einen sicheren Ort für alle zu schaffen. Aber sie tun dies auf subtile, aber grundsätzlich unterschiedliche Weise: Jill *lässt zu*, dass Gemeinschaft entsteht; Dana *gestaltet* die Gemeinschaft.

Das Bedürfnis nach Sicherheit. Für jeden Enneagramm-Typ gilt: Die jeweilige Leidenschaft (oder Wurzelsünde) und ihre Grundsicht auf die Welt können manchmal so stark sein, dass sie ihre Entscheidungen bestimmen. Manchmal zeigt sich die Wurzelsünde einfach in offensichtlich unproduktivem Verhalten. Ein andermal können Menschen sich in ihrem Klammergriff verlieren.

Und das ist besonders wahr und wichtig für die Sechs: Ihre Wurzelsünde ist Angst, und die kann auf unzählige Arten eskalieren.

Es ist eine spannende Übung, einmal die lokalen und die landesweiten Nachrichten aus der Perspektive der unterschiedlichen Enneagramm-Typen anzuschauen. Der Versuch, die Meldungen aus der Perspektive einer Sechs aufzunehmen, hinterlässt meist einen nachhaltigen Eindruck. Für die Sechs hat jede Schlagzeile etwas Bedrohliches und ruft nach einem Aktionsplan.

Und das gilt nicht nur für die Nachrichten. Auch die Werbung spielt geschickt mit unseren Sorgen und unserem Misstrauen, und für die Sechs ist das alles in übergroßem Maß der Fall. Wenn ich Fernsehwerbung sehe, möchte ich am liebsten gleich aufgeben. Ich habe keinen Heimtrainer. Meine Spülmaschine könnte jeden Tag an Verkalkung sterben. Das Glas der Duschkabine ist offenbar *höchst* gefährlich. Und seit ich mir allein die Zähne putzen kann, benutze ich schon die falsche Zahncreme. Ich müsste abnehmen, aber woher weiß ich, nach welchem System ich das tun sollte? Weight Watchers, Kohlsuppen-Diät oder vegane Ernährung. Wegen meiner viel zu geringen Rentenerwartung werde ich verarmt sterben. Termiten zerstören unser Haus von innen. Und Schweinefleisch ist ungesund. Oder war es Hühnerfleisch. Oder Rind? Zu alledem ist Biogemüse nicht wirklich bio. Wow.

Der Sechs fällt es manchmal schwer zu vergeben; sie neigt dazu, Kränkungen und Verletzungen der Vergangenheit festzuhalten.

Wir alle erleben die typischen Ängste, die mit unserem Persönlichkeitstyp verbunden sind. Als Zwei habe ich Angst, dass Menschen mich ablehnen. Neuner fürchten Konflikte. Achter wollen nicht von anderen kontrolliert werden. Aber für die Sechs steht die Angst als solche im Zentrum ihrer Aufmerksamkeit. Ständig fragt sie sich: „Was wäre, wenn …?“

Phobische Sechser neigen dazu, der Angst zu erliegen. In Beziehungen mit aggressiven, selbstsicheren Menschen verbiegen sie sich leicht. Kontraphobische Sechser versuchen, ihre Ängste zu besiegen. Sie misstrauen Menschen, die zu viele Antworten haben und sich zu stark geben; eher wollen sie ihren eigenen Weg finden. Und viele Sechser sind – je nach den Umständen – auch eine Mischung aus phobischem und kontraphobischem Untertyp.

Eine phobische Sechs erklärt mir ihre Weltsicht so: „Ich kämpfe schon mein ganzes Leben lang mit Angst und Sorgen, schon seit ich ganz klein war. Ich weiß noch, dass ich im Bett lag und mir Sorgen machte um das Fußballspiel, das am nächsten Tag im Kindergarten stattfinden sollte. *Kindergartenfußball!* Ich wusste, kein anderes Kind hatte deswegen Bauchschmerzen – sie sprangen einfach morgens aus dem Bett und rannten dann fröhlich auf dem Spielfeld herum. Und was das Witzige ist: Ich spielte immer gut. Im Lauf der Jahre wurde ich sogar so gut, dass ich ein Sportstipendium bekam. All diese Sorgen waren also nichts als Energieverschwendung. Im Lauf der Zeit habe ich meine Ängste besser in den Griff bekommen, aber ganz verschwunden sind sie nie."

Sehen wir uns nun an, wie meine Freundin Sheryl – eine kontraphobische Sechs – ihre Ängste beschreibt: „Ich rede gern in der Öffentlichkeit, ich unterrichte gern und ich kenne andere Sechser, denen es genauso geht. Wir haben zwar Angst, aber normalerweise nicht in gesellschaftlichen Kontexten, sondern mehr vor den Unwägbarkeiten des Lebens, den ‚Was wäre, wenns'. Die Szenarien, die unsere Gedanken kreieren, drehen sich mehr darum, was in neuen und unvertrauten Situationen alles schiefgehen könnte. Wenn ich zum Beispiel weiß, dass ich unterrichten oder referieren muss, bereite ich mich gründlich vor und mache mir keine weiteren Gedanken. Ich weiß, dass ich es kann. Aber wenn ich keine Zeit habe, mich vorzubereiten, und spontan etwas abliefern muss, tue ich das, aber durchaus mit einigen Bauchschmerzen."

Beide haben Ängste. Aber phobische Sechser geben ihnen nach und können sich darin verlieren, sich alle möglichen Katastrophenszenarien vorzustellen, während kontraphobische Sechser mit dem Schlimmsten rechnen und dann ihre Energie dafür einsetzen, für diesen Fall einen Plan zu machen.

Wenn wir Angst haben, empfinden wir alle den Wunsch nach Kontrolle. Aber andere Typen haben nicht dasselbe *Bedürfnis*, sich sicher zu fühlen, wie die Sechs. Sechser schätzen Ordnung, Pläne und Regeln, weil all dies ein gewisses Maß an Sicherheit bietet. Sicher fühlen wir uns, wenn es wenig oder gar kein Chaos gibt, wenn das Leben in geregelten Bahnen läuft und alles so ist, wie es sein sollte. Aber Beziehungen sind nicht so übersichtlich – es gibt darin viel zu viele Variablen, als dass sie reibungslos verlaufen. Es gibt daher Zeiten, wenn das Sicherheitsbedürfnis der Sechs ihre Beziehungen aussticht.

Die Sechs wünscht sich Verhältnisse, die sie einschätzen kann, und hofft auf Sicherheit, aber sie kann beides nicht haben. Wie die Acht möchte sie Einfluss auf andere nehmen, ohne selbst beeinflusst oder in Mitleidenschaft gezogen zu werden. Und auch das ist nur selten möglich. Sechser, die ihre Angst nicht bewältigen können, neigen dazu, sich übermäßig mit den Überzeugungen der Organisationen zu identifizieren, denen sie angehören. Eine Sechs hat mir gesagt: „Ich glaube, manchmal schenken wir Vertrauen am falschen Ort – vor allem Führungsfiguren. Wir denken, starke Menschen könnten uns absichern und uns unsere Angst nehmen. Und unsere Loyalität macht es uns schwer, dieses Vertrauen aufzukündigen, selbst wenn es der falschen Person gilt.“

Die Sechs kann also sehr davon profitieren, wenn sie lernt, *den eigenen Erfahrungen* zu trauen. Sie neigt dazu, sich selbst unter Wert zu verkaufen und umgekehrt zu viel Hoffnung auf andere zu setzen. Und wenn Sechser sich selbst nicht vertrauen, ist das ein Verlust für alle.

Unsere Urteile sind gewöhnlich belastbarer, wenn wir die Gesamtheit unserer Beziehungen in Betracht ziehen. Wenn wir uns in den Höhen oder Tiefen verlieren, ist das zerstörerisch, egal, welchem Enneagramm-Typ wir angehören.

Mit dem Schlimmsten rechnen. Sechser bewältigen ihre Angstgefühle, indem sie mit dem Schlimmsten rechnen und dann einen Aktionsplan aufstellen. Sie sind bemüht, alles im Voraus zu erkennen, was schiefgehen könnte, und sich darauf vorzubereiten. Nur so können sie sicher sein. Ich habe eine Freundin – eine Sechs – gefragt, wie es für sie ist, auf Reisen zu sein.

„Wenn ich mit anderen zusammen reise, bin ich bestimmt eine gute Begleitung, denn ich suche ständig nach Anhaltspunkten – an welchem Gate der Flug abgeht, wo wir die Metro oder den Bus nehmen, wie man im Ausland Geld abhebt oder einkauft. Ich habe riesige Antennen, die jeden Hinweis auffangen, den mein Verstand dann rasch analysiert. So kann ich Probleme voraussehen und lösen und dafür sorgen, dass wir da ankommen, wo wir hinmüssen. Dieses Abscannen meiner Umwelt ist mir zur Gewohnheit geworden, es ist meine normale Reaktion. Wir Sechser halten immer Ausschau nach verborgenen Gefahren, damit wir ihnen begegnen können."

Weil die Sechs eher zu viel nachdenkt, neigt sie dazu, Dinge hinauszuzögen. Das kann für andere so aussehen, als mangele es ihr an Verbindlichkeit.

Andere Sechser wählen lieber Reiseziele, die sie schon kennen und wo es weniger Unwägbarkeiten gibt, für die man vorausplanen müsste. Vielleicht fahren sie jeden Sommer auf denselben Campingplatz, auf dem sie ihr Lieblingsplätzchen natürlich im Voraus reserviert haben. Dort kennen Sie sich aus, wissen, wo man einkaufen kann oder wo die Kinder spielen können und welche Freizeitangebote es gibt. Und so können sie den Urlaub planen, ohne allzu viele unerwartete Abweichungen berücksichtigen zu müssen.

Für Familienmitglieder und Freunde, die keine Sechser sind, ist Sicherheit im Urlaub vermutlich nicht die oberste Priorität, sondern vielleicht Abenteuer und neue Eindrücke. Klar ist, dass jeder Enneagramm-Typ auf Reisen anders reagiert. So verringern sich Beziehungsprobleme einer Eins häufig im Urlaub, weil sie dann weniger zwanghaft und dafür entspannter ist.

Aber wenn Sechser reisen, verschärfen sich die Probleme. Schon viele Sechser haben mir berichtet, dass eins ihrer zentralen Anliegen Schutz und Sicherheit für die Menschen sind, die ihnen nahestehen. Man kann sich daher vorstellen, dass sie überhütend (phobisch) werden können, wenn sie nicht ihre normale Alltagsroutine leben können; denn in einem ungewohnten Ablauf gibt es zu viele Unbekannte.

> Die Leidenschaft oder Wurzelsünde aller Enneagramm-Typen kann so stark ausgeprägt sein, dass sie das Verhalten bestimmt.

Kontraphobische Sechser dagegen haben meist kein Verständnis für die Ängste anderer, es sei denn, diese bemühen sich, sie zu überwinden. Der Urlaub bietet also eine große Bühne, auf der das Gespräch darüber viel Raum einnehmen kann.

Abkoppelung von produktivem Denken. Die Behauptung des Enneagramms, Sechser „verdrängten das Denken“, wird einer Sechs nicht einleuchten. Sie kann sich überhaupt nicht vorstellen, dass das möglich wäre, schließlich denkt sie doch *die ganze Zeit.* Aber vieles an diesem Denken ist nicht produktiv: Es führt weder zum Handeln noch zu neuen Einsichten.

Ich kenne einen erfolgreichen Manager, der kurz vor dem Ruhestand ist. Er, eine kontraphobische Sechs, erklärt mir diese

Art des Denkens: „Wir stecken wirklich meist im Kopf und *denken.* Das ist das, was ich am liebsten tue. Wenn ich häufig sage: ‚Das ergibt für mich keinen Sinn', dann meine ich damit, ich habe etwas im Geist durchgespielt und es geht nicht auf. Das ist meist ganz in Ordnung, außer, wenn dieses Nicht-Aufgehen Gefühle berührt, meine oder die von anderen. Normalerweise kann ich nur weitermachen, wenn sich etwas sicher anfühlt und es so aussieht, als würde es keine Probleme geben, wenn ich alle möglichen Ergebnisse im Voraus durchgespielt habe.

Manchmal kriege ich aber auch zu viel von diesem übertriebenen Nachdenken und handele impulsiv. Ich habe verstanden, dass ich die Aktion dann als Ausweg benutze, um das Denken zu stoppen. Manchmal funktioniert das, manchmal auch nicht. Es kann übereilt und schlecht durchdacht sein, und das hasse ich, weil ich überzeugt bin, ich hätte die Sache gründlicher durchdenken müssen."

Sechser sind meist sehr empfänglich für die Vorstellung, sie könnten produktiver denken, aber oft genug wissen sie nicht, wie sie das anstellen sollen.

Es gibt ganz sicher Enneagramm-Typen, für die Pläne und Routine und vorhersehbare Abläufe beruhigend sind. Neuner etwa können leicht in irgendeine Routine verfallen und darin verharren, ohne einen einzigen Gedanken daran zu verschwenden, ob auch etwas schiefgehen könnte. Fünfer mögen Routine, weil sie ihnen hilft, mit ihrer begrenzten Energie zurechtzukommen. Sechser mögen Routine nicht nur, sie finden darin Sicherheit. Aber was ist mit den Persönlichkeitstypen, die gar nicht wollen, dass das Leben so vorhersehbar ist? Manche brauchen Freiheit so dringend, wie Sechser Sicherheit brauchen. In dieser Differenz zwischen Sicherheitsbedürfnis und dem Bedürfnis nach Spontaneität wurzeln viele Beziehungsprobleme.

Das Problem liegt nicht darin, dass Sechser das Denken nutzen, um Informationen zusammenzutragen. Schwierig wird es da, wo sie zu rasch reagieren, ohne die Information durch klares Denken zu verarbeiten. Sechser können sehr zur Qualität ihrer Beziehungen beitragen, wenn sie innehalten und durchatmen, bevor sie ihrer Angst in die Falle gehen. Sechser in Sorge erfinden Dinge und reagieren dann auf die Sache, die sie selbst erfunden haben. Für Menschen, die mit einer Sechs leben, ist dieses Verhalten oft bestürzend; Sechser müssen sich wirklich bemühen und die Disziplin erwerben, nicht spontan zu reagieren, sondern eine Denkpause einzulegen.

Die Sechs und die anderen

Stresspunkt und Trostpunkt

Unter Stress reagiert die Sechs mit Rückzug. Dann bespricht sie das, was sie beschäftigt, mit Menschen, denen sie vertraut. Schließlich traut sie sich selbst nicht so sehr. Wenn Sie in einer Beziehung zu einer Sechs leben, die unter Stress steht, aber Ihnen vertraut, wird sie sicher fragen, wie sie Ihrer Meinung nach mit der Situation und ihrer Angst umgehen sollte. Ganz sicher sollten Sie dann Rat anbieten, aber geben Sie nicht zu viel darauf, ob die Sechs Ihrem Rat folgt. Manchmal

Eins: In Beziehungen zu einer Eins wächst die Angst der Sechs häufig, weil sie das Gefühl hat, nie gut genug zu sein. Das muss sich die Sechs eingestehen und ins Gespräch bringen, sonst wird die Eins das Gefühl haben, sie sei allein in dem Bemühen, die notwendigen Dinge zu erledigen.

Zwei: Die Sechs wird fast immer auf Sicherheit abzielen, während die Zwei in aller Regel beziehungsorientiert ist. Offenheit im Blick auf diese Unterschiedlichkeit ist hier nötig. Außerdem sollte die Sechs sehr vorsichtig sein, die Motivation der Zwei anzuzweifeln. Die Zwei wiederum muss vermeiden, sich auf das Misstrauen der Sechs zu fixieren. Diese Beziehung kann schwierig sein.

Drei: Dreier lieben den Erfolg, und sie trauen ihm. Sechser tun das nicht. Die Sechs muss der Drei erst erklären, dass für sie Erfolge häufig von Ängsten begleitet sind.

Vier: Die Sechs beschäftigt sich mit Katastrophenszenarien, während die Vier sich mit Träumen zufriedengibt. Vierer können bei „Hätte ich doch …"-Wunschvorstellungen hängen bleiben, Sechser fragen: „Was könnte passieren?" Diese Dynamik müssen beide gut im Blick behalten.

Fünf: Fünfer müssen keine Antworten auf alle Fragen haben, daher muss die Sechs mit der Fünf daran arbeiten, all ihre Fragen zu beackern. Als Mitglieder der Kopf-Triade haben sie viel gemeinsam – und beide können darauf hinarbeiten, Gefühlen mehr Raum zu geben und „ordentlich" – produktiv – zu denken.

Sechs: In einer Beziehung von zwei Sechsern, in der ein Partner ängstlich ist, reagiert der andere fast immer mit Optimismus, wie zwei Kinder auf einer Wippe. Es ist tatsächlich ziemlich wundervoll.

Sieben: Siebener leben im Kopf und stellen sich die Zukunft meist besser vor, als sie realistischerweise aussieht. Der Sechs erscheint die Zukunft immer schlimmer. Beide können lernen, diese Dynamik zum Vorteil für ihre Beziehung zu nutzen.

Acht: Sechs und Acht unterscheiden sich unter anderem darin beträchtlich, dass die Acht der Sechs „zu schnell" und die Sechs der Acht „zu langsam" ist. Aber was sie gemeinsam haben, ist der Wert der Loyalität. Hier muss die Sechs allerdings aufpassen, dass sie es mit der Loyalität nicht übertreibt.

wird es so sein, oft aber nicht. Sechser haben fast immer einen eigenen Plan. Wenn sie andere nach ihrer Meinung fragen, sammeln sie nur Informationen, um zu sehen, ob diese die Entscheidungen, die sie bereits getroffen haben, stützen oder infrage stellen.

Als Kinder haben wir immer Ketten aus Tonpapier für den Weihnachtsbaum gemacht. Wir schnitten Papierstreifen aus und klebten sie zu Ringen zusammen, die ineinandergriffen. Etwas Ähnliches tut die Sechs mit Ängsten und Erinnerungen, Verletzungen und Enttäuschungen. Wenn eine Sechs befürchten muss, dass der Partner aus der Beziehung aussteigen will, verbindet sie diese Angst mit allem, was in ihrem Leben schon passiert ist und die Angst begründet hat, verlassen zu werden. Manchmal brechen Beziehungen unter dem Gewicht dieser Verkettung zusammen. Aber wenn der Sechs dieses Verhaltensmuster bewusst wird, kann sie daraus aussteigen. Daran zu arbeiten lohnt sich für beide: für die Sechs und für diejenigen, die sie liebt.

Die Sechs unter Stress, die mit der emotionalen Verkettung nicht mehr weiterkommt, um ihre Sorgen zu beschwichtigen, übernimmt Verhaltensweisen der Drei. In dieser Richtung

Neun: Sechs und Neun kommen ziemlich gut miteinander aus, weil sie sich jeweils im anderen wiedererkennen. Beide müssen die Verantwortung dafür übernehmen, sich eigene Ziele zu setzen – darauf zu warten, dass der andere Vorschläge macht oder die Richtung angibt, ist nicht der beste Weg. Erfolg versprechend dagegen ist, wenn beide sich gegenseitig unterstützen.

wird sie selbstsicherer – sie trifft Entscheidungen und setzt sie um, und es gibt viel weniger Grübelei im Nachhinein, wenn eine Entscheidung gefallen ist.

Wenn Sechser das Gefühl haben, sie schwimmen auf einer Erfolgswelle und das Leben läuft gut – wenn sie also ein Gefühl der Sicherheit erleben –, haben sie Zugang zu manchen Verhaltensweisen der Neun. Es ist wunderschön zu sehen, wenn eine Sechs fähig ist, sich selbst und der eigenen Lebenserfahrung zu trauen. In jedem Fall ist es gut für ihre Beziehungen. Sechser in diesem Verhaltensmodus haben das Gefühl, dass schon alles gut gehen wird.

Grenzen in Beziehungen

Sechser sind ernsthaft bemüht, immer ihren Beitrag zu leisten, aber manchmal gelingt es ihnen nicht, ihre eigenen Prioritäten einzuhalten, weil sie unterschätzen, wie viel Zeit es braucht, um ihren Verpflichtungen auch nachzukommen. Sechser sind gut beraten, den Zeitbedarf für eine Sache einzuschätzen – und dann gedanklich zu verdoppeln. Das hilft ihnen, die wichtigsten Verpflichtungen gegenüber den Menschen einzuhalten, die sie lieben.

Ein weiteres Feld, auf dem die Sechs Mühe hat, ist das Vergeben und Vergessen. Das gilt selbst in ihren engsten Beziehungen. Sechser neigen zu der Annahme, sie könnten sich schützen, wenn sie Verletzungen und Enttäuschungen in ihrer Erinnerung bewahren. Vergebung zu üben fällt ihnen schwer, denn dann haben sie das Gefühl, ohnmächtig und verletzlich zu sein. Ich habe von Sechsern gehört, die minutiös Buch darüber führen, wenn jemand sie verletzt hat – eine Frau führte sogar einen eigenen Kalender für solche Erlebnisse, und das über Jahre. Sechser müssen lernen, dass wir alle in Beziehungen Fehler machen und immer wieder Enttäuschungen durch andere verarbeiten müssen. Wir alle müssen vergeben *und* Vergebung annehmen. Es bleibt einfach nicht aus.

Aus verständlichen Gründen fällt es der Sechs schwer zu vertrauen. Aber ohne Vertrauen kann eine Beziehung nicht bestehen. Sicher ist es an den Menschen, die die Sechs liebt, ehrlich und loyal zu sein und das Vertrauen zu verdienen. Aber auch die Sechs muss etwas tun: Manchmal ist Vertrauen eine Sache der Entscheidung.

Vor ein paar Jahren kam ein Ehepaar zu mir. Sie wollten in ihrer Beziehung weiterkommen und meinten, das Enneagramm könnte ihnen vielleicht helfen. Ich würde nicht sagen, ihre Beziehung sei in Gefahr gewesen – sie waren einfach festgefahren. Sie war vorher mit einem Mann verheiratet gewesen, der sie vernachlässigt hatte – eine Form von Missbrauch. Als sie sich scheiden ließ, konnte sie fast niemandem mehr trauen, bis sie den Mann kennenlernte, der jetzt neben ihr in meinem Büro saß. Sie waren sehr verliebt und arbeiteten hart daran, eine gesunde Ehe und ein gutes Familienleben zu haben. Aber sie war unsicher und hatte Angst davor, ihrem Mann und ihrer Liebe zu trauen. Mindestens zweimal in der Woche überwältigten sie ihre Sorgen und Befürchtungen, er würde sie verlassen. Natürlich hatte er nichts dergleichen vor und war verletzt, dass sie das auch nur annehmen konnte.

Ich hörte mir ihre Geschichte an und beschloss ihnen zu erzählen, dass Joe und ich zu Anfang unserer Ehe eine ähnliche Herausforderung zu bewältigen hatten. Der Wendepunkt kam, als Joe meine Hände ergriff und sagte: „Ich verlasse dich nicht. Ich liebe unser Leben. Ich liebe dich, und ich liebe die Kinder von ganzem

Herzen. Ich bin hier, verbindlich und dauerhaft. Und etwas anderes kann ich dir nicht anbieten. An dieser Sache musst du arbeiten. Du kannst dich entscheiden, mir zu vertrauen, oder es nicht zu tun. Aber von meiner Seite kann ich nichts weiter tun."

Ich beschloss, diesem Versprechen zu trauen.

Gemeinsam unterwegs

Mein Mann war sich darüber im Klaren, dass viele seiner Gemeindeglieder Sechser waren, und er griff daher gern auf die Weisheit des Enneagramms zurück. Wenn es darum ging, ein Gebäude zu kaufen oder andere große Entscheidungen zu treffen, war ihm klar: Die Sechser würden Zeit brauchen.

Sechser halten die Organisationen zusammen, zu denen wir gehören. Sie erklären nicht gleich bei jeder Meinungsverschiedenheit ihren Austritt. Sie leisten gern ihren Beitrag zum Wohl des Ganzen, aber sie möchten informiert sein. Und bei Entscheidungen, die sie betreffen, wollen sie auch mitreden. Doch obwohl Sechser so viel beizutragen haben, zögern sie häufig, sich zu äußern, weil sie ihrer eigenen Wahrnehmung nicht trauen. Sie brauchen Zeit, um das Gehörte zu verarbeiten, um ihre Fragen zu formulieren und zu erwägen, ob ihre Bedenken auch für die ganze Gemeinde von Wert sind.

Um also allen gerecht zu werden, hielt Joe jedes Treffen zweimal ab. Zweimal. Das gab den Sechsern die Zeit, die sie brauchten, um sich wirklich auf den Prozess einzulassen. Und wenn das zweite Meeting anstand, dann waren diese Gemeindeglieder in der Lage, durchdachte Fragen zu stellen, wichtige Beobachtungen mitzuteilen und selbstbewusst zu der anstehenden Entscheidung beizutragen.

Ich glaube, Sechser sind der am häufigsten vorkommende Persönlichkeitstyp. Und in unserer schnelllebigen Gesellschaft ist es manchmal schwierig, ihren zahlreichen Fragen und unterschiedlichen Bedenken wirklich Rechnung zu tragen. Aber die Sechser sind diejenigen, denen am meisten am Wohl aller liegt. Und wenn sie genug Zeit haben, sehen Sechser Dinge, die der Rest von uns übersieht.

Wir können also alle davon profitieren, wenn wir ein wenig das Tempo drosseln und die Welt mit den Augen einer Sechs betrachten.

Beziehungen *für* die Sechs

Erinnern wir uns noch einmal: Wir können nicht ändern, wie wir die Welt sehen. Deshalb müssen wir das, was wir tun, mit unserer Sichtweise abgleichen. Für Sechser besteht kein Zweifel daran, dass kein anderer Enneagramm-Typ so viel mit Angst zu tun hat wie sie. Hier sind noch einige andere Aspekte, die Sechser nicht vergessen sollten:

Sie können …

- lernen, sich selbst zu trauen. Aber das verlangt Übung. Manche Dinge lernt man nur durch Erfahrung.
- lernen, Ihrem eigenen inneren Wissen zu trauen.
- auf Ihren Körper hören. Kopf und Herz können Sie täuschen, aber Ihr Körper niemals.

Aber Sie können nicht …

- erwarten, dass andere ebenso loyal und verlässlich für die Gruppen da sind, denen Sie angehören. Und Sie sind nicht dafür zuständig, wie andere mit ihren Verpflichtungen umgehen.
- wahrgenommen werden, ohne gewisse Risiken in Kauf zu nehmen. Manche sagen, Sechser möchten am liebsten in der Masse untertauchen. Ich glaube nicht, dass das stimmt – ich glaube, sie möchten sehr wohl wahrgenommen werden, aber sie sind nicht bereit, das notwendige Risiko auf sich zu nehmen.

- immer das Gefühl haben, abgesichert zu sein. Aber Sie können erkennen, wann die Angst maßlos wird.

Sie werden also akzeptieren müssen, dass …

- manche Dinge tatsächlich gut gehen. Und wenn nicht, werden Sie in der Lage sein, die Situation zu bewältigen, wie immer sie aussieht.
- Angst in Ihrem Leben eine Rolle spielt. Aber Sie können anfangen, diese Angst zu verringern – durch Achtsamkeit und indem Sie lernen, produktiv zu denken.

Beziehungen *mit* der Sechs

Das Wichtigste, was man in Beziehungen mit Sechsern wissen muss, ist, dass Vertrauen für sie eine große Sache ist. Sie errichten Grenzen, um jeden fernzuhalten, der ihr Vertrauen nicht verdient. Sie stellen viele Fragen, um möglichst umfassende Informationen zu bekommen. Und je mehr Informationen der richtigen Art sie bekommen, umso beruhigter sind sie, und ihr Vertrauen wächst. Hier sind noch einige weitere Dinge, die Sie berücksichtigen sollten:

- Sechser hegen tiefe Wertschätzung für Menschen, die echt und authentisch sind. Aber sie trauen dem Augenschein nicht. Sie beobachten genau, um sicherzugehen, dass der andere auch wirklich der ist, der er zu sein vorgibt.
- Mit dem Schlimmsten zu rechnen und sich darauf vorzubereiten beruhigt die Sechs. Nehmen Sie es also ernst, wenn sie darüber spricht, was alles schiefgehen könnte. Zu sagen, es werde schon alles gut gehen und sie solle sich keine Sorgen machen, empfindet die Sechs als herablassend und lieblos. Aber konzentrieren Sie sich auf den bestmöglichen Verlauf einer Sache, nicht auf den denkbar schlechtesten.
- Ermutigen Sie die Sechs, sich selbst zu trauen und mehr (begrenzte) Risiken einzugehen.
- Es hilft nicht zu sagen: „Du musst dir einfach selbst mehr trauen." Aber es hilft, sich die Zeit zu nehmen und der Sechs ein paar Beispiele vor Augen zu führen, in denen sie ihren eigenen Ideen und der eigenen Fähigkeit vertraut hat, ohne jemanden um Rat zu fragen, und damit Erfolg hatte.

- In der Familie brauchen Sechser emotionale Aufmerksamkeit und Gespräch. Sie brauchen jemanden, der auch im Alltag als Partner verlässlich ist.
- Sechser mögen Freunde, die emotional erwachsen, ehrlich und nicht zu bedürftig sind.
- Sechser behalten ihre Angst oft für sich. In der Regel versuchen sie sie allein zu bewältigen, um keine Umstände zu machen.
- Sechser brauchen viel Bestätigung – in Wort und Tat –, dass Sie verbindlich zu der Beziehung stehen.
- Ermutigen Sie die Sechs zum Handeln, wenn sie in Gedanken untergeht. Sie neigt dazu, das Nachdenken über etwas mit dem Handeln zu verwechseln.
- Weisen Sie die Sechs auf all das Gute hin, dass sie in Ihre Beziehung bringt.
- Beantworten Sie all die vielen Fragen der Sechs freundlich und wohlüberlegt.

Die Sieben

Alles ist gut

Als Darrin an der Highschool war, waren er und drei seiner Freunde in ein nächtliches Abenteuer in einem Freizeitpark verstrickt, zu dem jede Menge Spaß und Abenteuer, der Verlust ihrer Kleidung und etliche Getränke gehörten, die weder seine Eltern noch das Gesetz erlaubten.

Darrin ist eins dieser Kids, die immer geschnappt werden. Es geschah nicht selten, dass seine Eltern bereits durch einen Anruf darüber informiert worden waren, was er angestellt hatte, wenn er nach Hause kam. Das ist das Schicksal von Pfarrerskindern in einer Kleinstadt. Bei den seltenen Gelegenheiten, wenn er mal nicht erwischt wurde, erstattete Darrin in der Regel selbst Bericht. Es fiel ihm einfach zu schwer, seine Begeisterung über seine Abenteuer nicht mit anderen zu teilen.

Aber dieses Mal war sein Dad *sehr* unglücklich. Nicht so sehr wegen der Eskapade an sich, sondern weil daran noch drei Jungs aus seiner Gemeinde beteiligt waren. Nach einer ersten Konfrontation über Darrins beklagenswerte Entscheidungen und seinen Mangel an Einsicht und Reue sprachen die beiden nicht mehr miteinander. Darrin entschuldigte sich nicht, sein Dad wollte nicht nachgeben, bis er es tat, und seine Mutter war irgendwo dazwischen gestrandet.

Nach einigen Tagen passte sie Darrin schließlich zwischen der Schule und dem Baseballtraining ab und befahl ihm, sich bei seinem Vater zu entschuldigen oder ihr seine Autoschlüssel auszuhändigen. Nach einigem Widerstand sagte Darrin: „Okay, ich mach's. Aber ich verstehe nicht, warum ich mich entschuldigen soll. Ich liebe Dad mehr als sonst jemand, das weißt du. Ich würde ihn nie mit Absicht kränken oder seine Gefühle verletzen. Wofür soll ich mich entschuldigen? Es war doch meine Sache und die meiner Freunde. Niemand wurde verletzt, und es ist kein Schaden entstanden."

Seine Mutter streckte einfach die Hand aus und sagte: „Geh dich entschuldigen oder gib mir die Schlüssel. Vielleicht verstehst du jetzt nicht, dass du dich entschuldigen musst. Aber irgendwann wirst du's kapieren. Betrachte das einfach als Trainingseinheit."

Auf dem Weg zur Tür sagte Darrin: „Ich hab nicht viel Zeit. Es wird schnell gehen müssen."

Sie gab zurück: „Bei dir muss es doch immer schnell gehen, wenn es nicht gerade Spaß macht. Das wird ihn also kaum überraschen."

Etliche Jahre später, als Darrin auf dem College war, klingelte um halb drei Uhr nachts das Telefon. Seine Mutter nahm ab – mit wild klopfendem Herzen. Es war Darrin.

„Mum", sagte Darrin, „du musst mir noch mal die Sache mit dem Entschuldigen erklären. Ich kann mich nicht mehr genau erinnern, was du damals gesagt hast, als Dad und ich nach dieser Nacht am See nicht mehr miteinander gesprochen haben. Ich brauche deine Hilfe! Ich bin ziemlich sicher, wenn ich mich nicht auf der Stelle entschuldige, macht Traci mit mir Schluss. Was soll ich sagen? Wie fange ich an?"

Was ist hier los?

- Mit welchem der Beteiligten können Sie sich am ehesten identifizieren – mit Darrin, seinem Vater oder seiner Mutter? Warum?
- Warum, glauben Sie, hatte Darrin Mühe zu begreifen, dass sein Verhalten sich negativ auf andere ausgewirkt hatte?
- Was war Darrins Motiv dafür, sich bei seinem Vater zu entschuldigen? Und bei Traci?
- Wie erklärt das Enneagramm, was sich hier abspielt?

Darrin ist die Sieben im Enneagramm. Siebener werden von dem Bedürfnis angetrieben, glücklich zu sein und Schmerz zu vermeiden. Unreife oder „normale“ Siebener unterschätzen häufig, wie wichtig Emotionen sind – für sie selbst und für andere. Sie betrachten die Welt als ihre Spielwiese und sind am glücklichsten, wenn sie etwas unternehmen, das Leben genießen und von einer Aktivität zur nächsten hüpfen können. Mit unerfreulichen oder unbequemen Dingen befassen sie sich lieber nicht.

Diese Vorliebe für die schönen Seiten des Lebens führt dazu, dass der Sieben nur das halbe Spektrum an Emotionen zur Verfügung steht. Und in Beziehungen kann das das K.-o.-Kriterium sein. Deshalb ist es wichtig, sich ernsthaft mit dieser Unausgewogenheit zu befassen. Wenn die Sieben nicht bereit ist anzuerkennen, dass sie Gefühle lästig findet, wenn sie schwer oder traurig sind, kann sie dafür teuer bezahlen. Eine gesunde zwischenmenschliche Dynamik ist der Eckpfeiler für gute Beziehungen. Die Gefühle und Vorstellungen anderer kann man nicht einfach ignorieren – etwas, wozu die Sieben im durchschnittlichen Verhaltensmodus leider neigt.

Die Unfähigkeit oder Unwilligkeit, sich angemessen mit Gefühlen auseinanderzusetzen, ist problematisch. Wenn andere der Sieben nicht ehrlich sagen können, was sie empfinden und was sie brauchen, äußern sich diese aufgestauten emotionalen Reaktionen als Ärger, Scham, Angst oder vielleicht auch Groll – alles Dinge, die Beziehungen ernsthaft beschädigen. Wenn Siebener lernen, auf Gefühle zu achten und sie zu äußern, kann ihnen das viel Kummer in den Beziehungen ersparen, die ihnen am wichtigsten sind.

Die Welt der Sieben

Siebener sind typischerweise energische und charmante Menschen. Aber gelegentlich überschätzen sie ihre eigene Wirkung. Sie missachten Grenzen – besonders, wenn andere sie ziehen –, und sie meiden die direkte Konfrontation. Mithilfe von Humor und bewusster Ablenkung können sie so geschickt jedem Ärger ausweichen, dass es kaum jemand merkt.

Wenn die Sieben aus Pflichtbewusstsein handelt, ist sehr deutlich erkennbar, mit wie wenig Enthusiasmus sie das tut. Sie spart sich ihre Energie lieber für irgendein vielversprechenderes Ereignis in der Zukunft auf.

Jedes dieser Verhaltensmerkmale kann zu Problemen mit anderen führen.

> Für Siebener ist es herausfordernd, die Verantwortung für ihren Anteil in einem Konflikt zu übernehmen und die Schuld nicht auf andere zu schieben.

Die Autorin und presbyterianische Pastorin Mihee Kim Kort hat mir erzählt, wie herausfordernd es für sie als Sieben ist, mit einer Sechs verheiratet zu sein. „Er braucht seine Routine“, erklärte sie mir. „Und das färbt schon auf mich ab. Ich sehe auch, dass es für die Kinder hilfreich ist. Ich versuche ja auch, konsequent zu sein, aber es klappt nie wirklich. Ich hole sie von der Schule ab, und dann machen wir einfach, was das Wetter erlaubt oder wozu sie Lust haben. Wir gehen direkt auf den Spielplatz oder in die Bibliothek, aber in jedem Fall versuchen wir, so lange wie möglich weg zu sein."

Aber, so fuhr sie fort, manchmal habe sie ein schlechtes Gewissen, weil sie so viel unterwegs sei. „Vielleicht brauchen die Kinder es, nach Hause zu kommen. Vielleicht brauchen sie einen Ort, an dem sich ausruhen und runterfahren können. Es ist nur so, dass ich *nicht direkt nach Hause gehen kann,* wenn *ich* nicht durchdrehen will. In einem Haus eingesperrt zu sein, in dem ich die ganze Zeit schreien, hinter den Kindern her sein oder sie zu diesem und jenem überreden muss, das fällt mir echt schwer."[11]

Alle Siebener, die ich kenne, haben ein weites Herz: Sie sind großzügig und immer bereit, für die Menschen, die sie lieben, auch Opfer zu bringen. Aber ich glaube, mehr als jeder andere Typ im Enneagramm fühlen sie sich zerrissen zwischen ihrem eigenen anscheinend unersättlichen Bedürfnis nach Stimulation und den Bedürfnissen der anderen. Wenn Sie gut zuhören, werden Sie von Siebenern häufig hören: „Ich tue doch gern alles, wenn es dich glücklich macht." Und das meinen sie auch so. Aber sie wollen sich selbst dabei nicht verlieren. Siebener haben häufig eine lange Reihe von Verehrern, die sich von ihnen abgewiesen fühlen, Menschen, die die Beziehung ernster genommen hatten, als die Sieben es tat. Dass Siebener im Blick auf Beziehungen Grenzen haben, wird sehr leicht falsch verstanden.

> Das Enneagramm hilft uns, unsere blinden Flecken im Blick auf unsere eigenen Gefühle und die der anderen zu erkennen.

Eine der Begrenzungen, mit der die Sieben zu kämpfen hat, ist die Zeit. Erst neulich sagte mir eine Sieben: „Ich wünschte, die Woche hätte zwei Tage mehr. Nur zwei Tage mehr." Siebener haben anscheinend nie genug Zeit für all die Dinge, die sie planen oder tun wollen. Und jedes Vorhaben, das sie nicht ausführen können, erinnert sie daran, dass ihnen die Zeit davonläuft.

Siebener denken, bevor sie handeln, ohne auch nur einen Gedanken an Gefühle zu verschwenden. Sie müssen erst lernen, die Gefühle der anderen zu berücksichtigen und sich über die Konsequenzen ihres Verhaltens klar zu werden. Und dann müssen sie noch wissen, was sie mit diesen Gefühlen – den eigenen und denen der anderen – anfangen sollen.

Eine Leidenschaft für Genuss und Vergnügen. Siebener sind immer auf Spaß und Lebensgenuss aus; sie sind bestrebt, sich mit positiven, anregenden Erfahrungen anzufüllen. Schlicht gesagt: Sie wollen immer noch mehr von dem, was ihnen gefällt. Ein etwas älteres Wort für diese Haltung ist Gier oder moderner gesagt: Maßlosigkeit – die Leidenschaft oder Wurzelsünde der Sieben. Beide Begriffe sind eher negativ besetzt; in unserem Fall ist damit einfach gemeint, dass Siebener immer mehr von allem wollen.

Jeder von uns ist bemüht, eine innere Leere zu füllen, und das tun wir alle auf unterschiedliche Weise. Als Shauna Niequist nach ihrem Verständnis von Maßlosigkeit gefragt wurde, sagte sie: „Meine Gelüste – ich glaube, ich spüre sie vielleicht einfach stärker, als andere das tun."[12]

Shauna erkennt auch, wie sich ihre Siebenernatur in ihren Beziehungen auswirkt – positiv wie negativ: „Ich bin unter anderem deswegen begeistert vom Enneagramm, weil das Wissen, dass ich eine Sieben bin, mir geholfen hat zu verstehen, dass meine besten und meine schlechtesten Anteile nicht einfach eine zufällige Mischung sind, sondern dass sie sehr eng miteinander zusammenhängen. Ich liebe zum Beispiel eine Million verschiedener Dinge. Ich liebe es, wenn das Leben bunt und abwechslungsreich ist. Routine ist mir ein Graus. Ich möchte alles erleben, als sei es etwas ganz Besonderes. Und ich möchte mehr von allem. *Und* ich kann mich selbst ganz verrückt machen, indem ich versuche, immer noch mehr Spaß zu haben. Mein Enthusiasmus kann die Menschen in meinem Umfeld überfordern. Zu verstehen, dass diese Dinge zusammenhängen und Teil eines Ganzen sind, war wirklich sehr hilfreich für mich.

Andererseits: Wenn ich mich nicht wohlfühle oder irgendwas nicht stimmt – wenn ich aus irgendeinem Grund nur mit halber Kraft unterwegs bin –, dann merken es die anderen und sagen: ‚Was ist mit ihr los?' Die Leute erwarten einfach, dass ich ein bestimmtes Maß an Energie mitbringe, wenn ich einen Raum betrete. Nachdem ich nun schon ein paar Jahre daran arbeite, habe ich endlich verstanden, dass es nicht dasselbe ist, ob ich mich selbst als Person voll und ganz einbringe, oder ob ich die überdrehteste Version meiner selbst einbringe."[13]

Niemand anders kann Sie sein.

Wenn die Sieben Enttäuschung erlebt oder sich bedürftig fühlt, gerät sie intuitiv in Bewegung und sucht nach Befriedigung von außen. Ihr Wandlungsweg zur Reife verlangt, dass sie dieses Verhaltensmuster ändert und sich der eigenen Innenwelt zuwendet. Für die Sieben ändert sich damit sehr viel; aber für andere, die sich auf die spielerische Energie der Sieben verlassen haben, kann es irritierend sein.

Umdeuten als Selbstschutz. Viele Typen im Enneagramm haben Angst davor, verlassen zu werden und allein zu sein. Die Sieben dagegen fürchtet, eingeengt und verschlungen zu werden. Ihre Fluchtstrategie ist das Umdeuten. Ungewollte Gefühle wie Schmerz oder Scheitern deutet sie intuitiv als etwas anderes.

Unser ältester Sohn Joel spielte an der Highschool und auf dem College Basketball. Er ist 1,93 Meter groß und hat Schuhgröße 47. Sagen wir es mal so: Er ist ein guter Spielmacher, aber er ist nicht sehr schnell. Auf der Rückfahrt von einem Spiel der Highschool-

Mannschaft fragte Joel vom Rücksitz: „Mom, hast du gesehen, wie wir den entscheidenden Dunk vor der Halbzeit hingelegt haben?"

„Den Dunk hab ich gesehen, aber wer ist ‚wir'?"

„Na, ist doch klar – *wir!*"

Ich erinnerte mich dunkel, dass Joel bei „ihrem" großartigen Dunk auf der Reservebank gesessen hatte, und wieder einmal wurde mir bewusst, dass mein Sohn eine Sieben ist – mit lebhafter Vorstellungskraft und einer Naturbegabung dafür, seine Erfahrungen umzudeuten. Siebener haben keine Mühe damit, eher dunkle Gefühle in etwas Positiveres umzubiegen. Es braucht einen Reifungsprozess, bevor sie fähig werden, Trauer oder Angst auszuhalten und diese Erfahrung nicht sofort in etwas Angenehmeres zu verwandeln. Bis es so weit ist, unterdrücken sie traurige oder negative Gefühle. Aber damit verschwinden diese Gefühle natürlich nicht. Wenn man es nicht ahnt, kommen sie wieder an die Oberfläche.

Diese Fähigkeit, alles, was geschieht, umzudeuten und umzubenennen, macht es möglich, dass die Sieben sich immer wieder an einen magischen Ort zurückzieht. Diese Strategie hat sie meist bereits in der Kindheit erworben, und sie hat ihr gute Dienste geleistet.

Joel erzählt gern seine Version der Geschichte, als er mit fünf Jahren im Vergnügungspark verloren ging. „Der Polizist, der mit mir am Sicherheitscheck wartete, bis ihr mich abholen kommt, hat gesagt, es würde alles in Ordnung kommen. Und ich hab ihm das geglaubt. Und dann hab ich einfach die Augen zugemacht und mir *vorgestellt,* ich würde in all diesen Bahnen fahren, Eis essen und mich mit meinen Schwestern amüsieren und spielen. Ganz ehrlich, es war fantastisch."

Jede Sieben, die ich kenne, hat eine eigene Geschichte darüber zu erzählen, wie es ihr zum ersten Mal gelang, ihre Aufmerksamkeit von etwas Traurigem oder Beängstigendem auf etwas Wundervolles und Sicheres umzulenken. Aber in Beziehungen kann dieses Umdeuten und Ablenken zu beträchtlichen Problemen führen. Denn andere verfügen vielleicht nicht über diese magische Gabe. Andere Persönlichkeitstypen reagieren anders als die Sieben, wenn etwas sie traurig macht oder ängstigt. Und diese Enneagramm-Zahlen werden – vielleicht aus Frustration – die Ausrichtung der Sieben auf das Positive für unreif, unverantwortlich und unrealistisch ansehen. In einer solchen Konstellation bekommt die Beziehung dann etwas von einer Eltern-Kind-Beziehung. Sehr häufig begegnen sich in der Folge beide mit Geringschätzung, und die einzige Lösung ist der bewusste Entschluss, sich in der Mitte zu treffen.

Die Sieben und die anderen

Eine Nebelwand aus Aktivität. Siebener vermeiden jede Art von Schmerz, ganz besonders aber den Schmerz, im Einerlei einer immer gleichen Routine gefangen zu sein. Die Vorstellung, einen emotionalen oder körperlichen Schmerz nicht bewältigen oder beherrschen zu können, ist für sie fast unerträglich. Und wie das Leben in einer

Eins: Von der Eins kann die Sieben einiges über Grenzen, Selbstbeherrschung und Dinge-zu-Ende-Bringen lernen. Die Eins wiederum kann von der Unbeschwertheit und Spontaneität der Sieben profitieren. Ein Tauschhandel, der beiden guttut.

Zwei: Siebener brauchen viel mehr Freiheit als Zweier. In Beziehungen muss die Zwei mehr Vertrauen entwickeln. Die Sieben wird lernen müssen mitzuteilen, was sie vorhat: wo sie hinwill, was sie tun will und wann sie wieder da ist.

Drei: Drei und Sieben in einer Beziehung müssen sich über eine große Differenz zwischen ihnen bewusst sein, die man leicht für eine Gemeinsamkeit halten kann. Siebener wollen sich gern alle Optionen offenhalten – auch in dieser Beziehung mögen sie keine Grenzen. Dreier kennen keine Grenzen im Blick auf ihre Arbeitszeit. Diese Konstellation ist kompliziert – sie erfordert es, ganz bewusst das Gespräch miteinander zu suchen.

Vier: Vier und Sieben haben mehr gemeinsam, als man zunächst vermutet. In der Kindheit sind beide Typen tatsächlich schwer zu unterscheiden. Aber als Erwachsene präsentieren sie sich dann aber als Gegensätze, und das liegt an ihren jeweiligen emotionalen Vorlieben. Für die Vier ist das Glas stets halb leer, für die Sieben ist es halb voll. Wenn beide bereit sind, ihre Unterschiedlichkeit zu akzeptieren, und zu überbrücken, haben sie einander viel zu geben.

Fünf: Sieben und Fünf sind durch eine Linie im Enneagramm verbunden; unter anderem deshalb können sie erfolgreiche Beziehungen knüpfen. Das heißt auch, dass sie sich selbst im anderen sehen können. Beide mögen das Abenteuer, und die Wiederholung des ewig Gleichen langweilt sie.

Sechs: Sechs und Sieben haben eine grundsätzlich andere Perspektive auf die Zukunft. Für die Sieben kommt das Beste noch, während die Sechs eher das Schlimmste befürchtet. Von einer ausgewogeneren Perspektive auf die Zukunft können beide profitieren.

Sieben: Die Sieben fürchtet Verbindlichkeit, Routine und berechenbare Verhältnisse. In einer Beziehung mit einer anderen Sieben wird die Herausforderung darin bestehen, wie beide mit Grenzen umgehen.

Beziehung mit einem Menschen funktionieren soll, der nicht glücklich sein will oder es nicht kann, können Siebener sich nicht vorstellen.

Die Sieben bildet mit Fünf und Sechs die Angst-Triade des Enneagramms. Und was sie am meisten fürchtet, ist, etwas Unangenehmem ausgeliefert zu sein. Eine Bewältigungsstrategie der Sieben für diese Angst ist es, sich alle Optionen offenzuhalten – das gehört auch zu ihrem Verständnis von Lebensfülle. Die Vorstellung eines geordneten, sicheren, gleichmäßigen Alltags macht sie überhaupt nicht an. Sie will so viele Aktivitäten wie möglich miterleben, auch solche, die gar nicht geplant waren. Aber die Freude an diesen Erlebnissen wird beeinträchtigt, wenn sie mitten in einer Aktivität schon anfängt zu überlegen, was danach kommt.

Beziehungen brauchen Verbindlichkeit – nicht nur im großen Maßstab wie den festen Entschluss zusammenzubleiben und an der Beziehung zu arbeiten, sondern auch im kleinen: pünktlich sein, die Dinge zu Ende bringen, die man angefangen hat, bei einem gemeinsamen Plan bleiben, auch wenn sich inzwischen etwas Aufregenderes ergeben hat. Wenn eine Sieben sich erst mal verbindlich auf eine Beziehung einlässt (und diese Entscheidung muss von ihr kommen), dann nach dem Motto: „Ganz oder gar nicht". Die Schwierigkeit liegt darin, mit anderen Enneagramm-Typen zu definieren, was „ganz" bedeutet. Sehen wir uns das an. Für Einser und Achter bedeutet „ganz", dass man auf Dauer engagiert ist, und zwar von Anfang bis Ende. Für die Zwei bedeutet „ganz", emotional engagiert zu sein. Das sind wichtige Unterschiede. Siebener genießen ihre Beziehungen zu den Menschen, die sie lieben, und wenn Beziehungen enden, ist das für sie eine Katastrophe. Zu glauben, Beziehungsabbrüche machten der Sieben nichts aus, wäre ein Irrtum. Das genaue Gegenteil ist der Fall.

Acht: Die Sieben denkt, bevor sie handelt. Die Acht handelt und denkt dann. Mit dieser Dynamik in einer Beziehung müssen beide vorsichtig umgehen.

Neun: Sieben und Neun haben einander einen einmaligen Ausgleich in der Beziehung zu bieten: Siebener lieben Optionen, Neuner empfinden zu viele Möglichkeiten als lähmend.

Das Bedürfnis nach Optimismus. Das Bedürfnis der Sieben nach Optimismus erwächst direkt aus ihrem Wunsch zu glauben, die Welt ist sicher, die Menschen sind gut und irgendjemand wird sich schon um ihre Bedürfnisse kümmern. Man vergisst daher leicht, dass die Sieben zur Angst-Triade gehört, denn die meisten Siebener, die wir kennen, kommen uns nicht ängstlich vor. Im Gegenteil, sie sind fröhlich und energisch und unterhaltsam. Jüngere Siebener fragen mich manchmal: „Wie kann es sein, dass ich im Enneagramm direkt neben der Sechs stehe? Mit Sechsern habe ich doch überhaupt nichts gemeinsam." Richard Rohr sagt dazu: „Optimismus und Pessimismus sind überraschenderweise gar nicht weit voneinander entfernt: Beides sind intellektuelle Mechanismen, mit denen wir die Abgründe und Gefahren des Lebens bewältigen."[14]

Was die Sieben der Welt zu geben hat, hat mir eine Frau kürzlich so beschrieben:

> Ich glaube, wir leben in Zeiten, in denen wir ein wenig gesunden Optimismus brauchen können. Wir brauchen Träumer – ein paar Menschen, die keine Angst haben, kühne Träume zu träumen. Ich bin die Erste, die Menschen kritisch gegenübersteht, die unmusikalisch oder blind sind für Rassismus oder Genderfragen. Aber andererseits will ich auch nicht, dass man Menschen ihre größeren Visionen für die Gemeinschaft, für das Zusammenleben raubt oder ihren Glauben daran, was die Liebe bewirken könnte, wenn man sie unter uns einfach fließen ließe. Die Leute mögen mich für naiv und oberflächlich halten, aber ich will daran festhalten, dass Hoffnung und Freude möglich sind.

Manchmal verpassen wir das Gute, das Siebener unseren Gemeinschaften und unseren Beziehungen bieten können, weil wir sie nicht wirklich ernst nehmen. Aber ihren Optimismus brauchen wir alle.

Stresspunkt und Trostpunkt

Die Sieben in Bestform ist ein Botschafter der Hoffnung. Sie ist unbeschwert, großzügig, fürsorglich und kreativ, und wir alle profitieren davon, die Welt einmal mit ihren Augen zu sehen. Aber eine Sieben in ihren schlechtesten Momenten kann stur und voreingenommen sein. Ebenso wie die Drei und die Acht muss sie daran denken: Wenn sie sich absolut sicher ist, im Recht zu sein, ist sie vermutlich im Unrecht.

Wenn das Leben besonders anstrengend ist, entwickelt jeder Enneagramm-Typ die extremen Verhaltensweisen, die seinen Typ ausmachen. Bei der Sieben ist es hektische Aktivität, die das Potenzial hat, ihre wirklichen Wünsche zu untergraben. Zum Glück finden Siebener im Stress leicht Zugang zu bestimmten

Verhaltensweisen der Eins. Im Kontakt mit der reifen Version eines perfektionistischen Einflusses kann die Sieben ihr Lebenstempo drosseln und bewusster entscheiden, was sie wann und mit wem wirklich tun will; sie ist dann weniger selbstbezogen und eher in der Lage, angefangene Projekte auch zu beenden. Eine Entwicklung in diese Richtung tut der Sieben gut, und besonders gut tut sie ihren Beziehungen. Eine Klage, die man öfter über Siebener hört, ist die, dass sie nichts zu Ende bringen. Wenn sie es also lernen, hat das heilende Wirkung. Eine weitere Klage besagt, Siebener hätten keinen Sinn für Details. Aber im Verhaltensspektrum der Eins ändert sich das. Und dort finden sie auch ein notwendiges Gleichgewicht zwischen Träumen und Handeln, zumindest zeitweise.

Die Sieben, die sich sicher fühlt, kann auf die Energie und das Verhalten der Fünf zugreifen; hier findet sie ein Modell dafür, sich von zu vielen Interessen und zu vielen Unternehmungen mit zu vielen Menschen fernzuhalten. Sie ist dann in der Lage, ihre Zeit in eine oder zwei Beziehungen zu investieren oder sich auf wenige Dinge zu konzentrieren, statt auf eine Fülle von Möglichkeiten. Siebener sagen mir, dass sie hier die größte Zufriedenheit erleben, auch wenn es immer nur für eine gewisse Zeit funktioniert. Eine Sieben hat berichtet, wenn sie sich nicht in Richtung der Fünf orientiert, nimmt sie sich nicht genug wirklich gemeinsame Zeit mit den Menschen, die ihr wichtig sind.

Wenn wir uns unserer Unterschiedlichkeit bewusst sind, hilft uns das, unsere Erwartungen an andere zu begrenzen – und das ist wirklich gut. Andere sehen die Welt nicht so wie wir. Aus meiner Arbeit mit Menschen in einem Genesungsprozess habe ich eins gelernt: Erwartungen sind Vorwürfe, die auf der Lauer liegen. Es ist schlau, sich das vor Augen zu halten, wenn man Beziehungen knüpft und aufbaut.

Grenzen in Beziehungen

Die Sieben verdrängt Gefühle in dem ständigen Bemühen, sich immer auf der Sonnenseite des Lebens aufzuhalten. Das mag sich zwar gut anfühlen, aber wenn man bedenkt, dass andere Persönlichkeitstypen ihr Leben mit einem weitaus umfassenderen Gefühlsspektrum gestalten, ist es doch eine nicht zu unterschätzende Einschränkung.

Ihren Charme setzt die Sieben wirksamer im beruflichen Kontext ein als in ihren Beziehungen. Sie muss lernen, dass sie in gleichrangigen Beziehungen nicht der Chef ist – andere müssen ihr nicht zustimmen oder tun, was sie will. Und Gegenseitigkeit ist für uns alle gut. Für die Sieben, weil sie hier lernen kann, das eigene Ego zu relativieren, zu Hause ebenso wie im Job.

Siebener glauben, sie hätten nur ein paar wenige und ganz schlichte Bedürfnisse; aber in Wirklichkeit sind sie komplexe Menschen mit komplexen Bedürfnissen. Viele Siebener hadern damit, dass das Leben im einen Moment fantastisch und im nächsten problematisch sein kann. Sie hassen emotionale Verstrickungen – und in Beziehungen ergeben die sich bekannterweise zwangsläufig. Manchmal ist es schwierig, Siebener dazu zu bringen, einzusehen, dass es ein Problem gibt. Und dann kommt die Herausforderung, sich damit zu befassen. Siebener müssen also lernen, Probleme anzugehen, sobald sie auftauchen, und sich von ihrem Wunschdenken verabschieden, sie würden sich schon von selbst erledigen. Ernsthafte Brüche in Beziehungen zu den Menschen, die uns am wichtigsten sind, zu kitten, erfordert Hartnäckigkeit und Reife. Um die zu entwickeln, müssen die meisten Siebener hart arbeiten.

Gemeinsam unterwegs

In ihrem Podcast *The Road Back to You* hat Shauna Niequist, die sehr gern und oft Gäste einlädt, auf unsere Frage geantwortet, wie sie das Enneagramm als Hilfe für ihr geistliches Leben nutzt:

> Was mir am meisten geholfen hat, die spirituellen Aspekte des Enneagramms zu verstehen, war, dass ich mir selbst erlaubt habe, mein geistliches Leben nicht so zu gestalten, wie die Vierer in meiner Familie es tun. Meine Eltern sind beide Vierer. Sie sind introvertiert und von Natur aus kontemplativ. Ich bin von Natur aus ein Partytyp. Das erscheint den meisten Menschen sehr viel weniger spirituell. Aber ich würde sagen: Der erste Schritt war der, mir die Erlaubnis zu geben, nicht zu leben wie ein Mystiker in der Wüste, sondern stattdessen meine größte Gabe, ob sie nun geistlich ist oder nicht, meine Gastfreundschaft, zur Verfügung zu stellen.
>
> Ich glaube, es gehört zu den Weisen, wie Gott mein Leben gebraucht. Und wenn ich Gastfreundschaft übe, erlebe ich eine Freude, die in keinem Verhältnis zum Aufwand steht. Es macht mich einfach unbegreiflich glücklich. Wenn ich eine bestimmte Menge Bücher verkaufe, fühlt sich das an wie: „Ja, schön." Aber ein gemeinsames Essen mit tiefgehenden Gesprächen löst in mir eher etwas aus wie: „Ich glaube an Gott und Gott ist gut." Es bedeutet mir wirklich etwas.[15]

Mit ihrer Weigerung, Erfüllung nirgends anders zu suchen als auf dem eigenen Weg, sind Siebener uns ein Beispiel dafür, welche Zufriedenheit möglich ist, wenn wir zu würdigen wissen, welchen Wert unsere Einmaligkeit hat.

Und diese Art von Einmaligkeit muss tatsächlich gewürdigt und gefeiert werden.

Beziehungen für die Sieben

Mehr als jeder andere Typ im Enneagramm kämpft die Sieben damit zu akzeptieren, dass es Grenzen gibt für das, was sie haben kann. Und eine noch größere Herausforderung ist es für sie, zu akzeptieren, dass es Dinge gibt, die sie einfach nicht haben kann, egal, wie sehr sie sich bemüht. Für die Siebener, die ich kenne, ist es immer wieder sehr hilfreich gewesen, kontemplative Formen von Spiritualität zu praktizieren, Meditation etwa oder das Gebet der Sammlung. Als ein weiterer Weg, ihrem oft getriebenen Denken und Planen Einhalt zu gebieten, kann es hilfreich sein, wenn Siebener das folgende Mantra für sich beherzigen: Es ist, was es ist.

Sie können …

- sich in die Realität „hineinleben", dass der Punkt des Wachstums für Sie immer dort liegen wird, wo Sie Schmerz erleben, der sich nicht umdeuten und umbenennen lässt. Sie können lernen, was er Ihnen zu sagen hat.
- neue Träume träumen, aber wissen, dass sie nicht immer wahr werden.
- Lebensfülle und Freude erleben, aber das werden Sie nur erkennen, wenn Sie nicht auch Kargheit und Schmerz erfahren.

Sie können nicht …

- nur mit der Hälfte des Emotionsspektrums Ihr Leben leben – aber Sie können die andere Hälfte entwickeln.
- verantwortlich und verlässlich handeln, wenn Sie sich alle Optionen offenhalten. Aber Sie können Verlässlichkeit als eine Option wählen.
- durch exzessives Verhalten Ihre Ziele erreichen. Sie können Ihrer Weise, in der Welt zu sein, ein gesundes Maß verleihen.

Sie müssen also akzeptieren …

- dass das Leben manchmal langweilig ist und sich daran auch nichts umdeuten lässt. Man muss eben einfach damit leben.
- dass Beziehungen ebenso wichtig für das persönliche Wachstum sind wie für die Lebensfreude.
- dass Menschen Sie für oberflächlich halten werden, weil sie an so vielen Dingen interessiert sind.
- Ihr Verhalten anderen oft zugleich befremdlich und bezaubernd erscheint.
- dass in einer dauerhaften Beziehung schmerzhafte persönliche Gefühle nicht zu vermeiden sind.

Beziehungen mit der Sieben

Wenn Siebener anfangen, an sich zu arbeiten, passiert meiner Erfahrung nach oft Folgendes: Die Menschen in ihrem Umfeld fragen: „Was ist mit dir los? Du warst doch früher immer so gut drauf." Menschen, die eine Sieben lieben, müssen sich vorsehen, nicht zu erwarten, dass die Sieben ein Verhalten an den Tag legt, von dem wir sie früher gebeten haben, es doch im Rahmen zu halten. Hier noch ein paar Aspekte, die Ihrer Beziehung guttun werden:

- Versuchen Sie nie, die Sieben in bestimmte Zeitpläne und Routineabläufe zu zwängen. Sie braucht Spontaneität und Flexibilität.
- Für die Sieben ist es wichtig, dass der andere in der Beziehung eigene Interessen und eigene Energie hat. Verlassen Sie sich nicht darauf, dass die Sieben Ihnen ständig Gesellschaft leistet. Dafür werden Sie sich jemand anders suchen müssen.
- Siebener sind gern in Gesellschaft, aber sie schätzen auch das Alleinsein. Wenn Sie mit dafür sorgen, dass es beides geben kann, leisten Sie einen wichtigen Beitrag für Ihre Beziehung.
- Gar nicht hilfreich ist es, eine Sieben auf ihr Potenzial anzusprechen. Auf Erwartungen reagieren Siebener verschnupft. Und von Potenzial zu sprechen fühlt sich für sie an wie eine verkappte Erwartung.
- Eines der größten Geschenke, das Sie einer Sieben machen können, ist es, wenn Sie sie ermutigen, alle ihre Gefühle zuzulassen und zu durchleben.

- Die meisten Erwachsenen, die keine Siebener sind, haben vergessen, wie man spielt. Bitten Sie die Sieben, Ihnen das Spielen wieder beizubringen.

- Siebener brauchen Raum, um ihre Ideen mitzuteilen. Aber wenn Sie danach beschließen, eine andere Richtung einzuschlagen, ist das für die Sieben okay.

- Wenn eine Sieben etwas will, was in Ihrer Macht stünde, es ihr zu geben, wird sie sehr beharrlich sein. Das kann sich anfühlen, als würde man von Hühnern zu Tode gehackt.

- Schenken Sie den Geschichten der Sieben volle Aufmerksamkeit. Geschichten zu erzählen ist häufig ihre Methode, um Gefühle auszudrücken und mitzuteilen.

Anmerkungen

Die Acht – Verletzlichkeit ist keine Schwäche

1 Brené Brown, „The Power of Vulnerability", TED Talk, www.ted.com/talks/brene_brown_on_vulnerability.
2 Nadia Bolz-Weber, „Find Power in Vulnerability: An Interview with Pastor Nadia Bolz-Weber, Enneagram 8 (The Challenger)", The Road Back to You podcast, Episode 3, 17. July 2016.

Die Neun – Konflikte riskieren, um Verbindung zu schaffen

3 Andy Gullahorn, „The Enneagram in Marriage with Andy Gullahorn, Enneagram 9 (The Peacemaker), and Jill Phillips, Enneagram 6 (The Loyalist)", The Road Back to You podcast, episode 29, March 22, 2017.
4 Chris Gonzalez, „The Enneagram and Therapy—A Dialogue with Chris Gonzalez, Enneagram 9", The Road Back to You podcast, Episode 24, 18 Januar 2017.
5 Gonzalez, „Enneagram and Therapy".

Die Zwei – Deine Gefühle – meine Gefühle?

6 Don Richard Riso und Russ Hudson, The Wisdom of the Enneagram (New York: Bantam Books, 1999).

Die Drei – Ich bin alles, nur nicht ich selbst

7 Richard Rohr und Andreas Ebert, The Enneagram: A Christian Perspective (New York: Crossroad, 2001), 85.

Die Vier – Lass mich allein, aber geh nicht weg

8 Bob Dylan, „Positively 4th Street", Positively 4th Street, Columbia, 1965.

Die Fünf - Meine Zäune haben Tore

9 Michael Gungor, „Finding Your Place in the World: An Interview with Michael Gungor—Enneagram 5 (The Investigator)", The Road Back to You podcast, episode 7, August 10, 2016.

Die Sechs - Hinterfrage alles

10 Jill Phillips, „The Enneagram in Marriage with Andy Gullahorn, Enneagram 9 (The Peacemaker), und Jill Phillips, Enneagram 6 (The Loyalist)", The Road Back to You podcast, Episode 29, 22. März 2017.

Die Sieben - Alles ist gut

11 Mihee Kim-Kort, „Processing Pain Through Optimism - Insight to the Enneagram 7 (The Enthusiast) with Mihee Kim-Kort", The Road Back to You podcast, Episode 25, 25. Januar 2017.

12 Shauna Niequist, „Savor Everything: An Interview with Shauna Niequist—Enneagram 7 (The Enthusiast)", The Road Back to You podcast, Episode 6, 27. Juli 2016.

13 Ebd.

14 Richard Rohr und Andreas Ebert, The Enneagram: A Christian Perspective (New York: Crossroad, 2001).

15 Niequist, „Savor Everything".

Der Verlag weist ausdrücklich darauf hin, dass im Text enthaltene externe Links vom Verlag nur bis zum Zeitpunkt der Buchveröffentlichung eingesehen werden konnten. Auf spätere Veränderungen hat der Verlag keinerlei Einfluss. Eine Haftung des Verlags ist daher ausgeschlossen.

MIX
Papier aus verantwortungsvollen Quellen
FSC® C014496

Originally published in English under the title *The Path Between Us*
by InterVarsity Press, Downers Grove, IL 60515-1426, USA.

1. Auflage 2019
Bestell-Nr. 835242
ISBN 978-3-95734-242-5

Umschlaggestaltung: Mareike Schaaf
Umschlagmotiv: Rudchenko Liliia/Shutterstock
Satz: Uhl + Massopust, Aalen
Druck und Verarbeitung: GGP Media GmbH, Pößneck

www.adeo-verlag.de